APRIMORANDO *seu francês*

ANGELA F. PERRICONE PASTURA

APRIMORANDO *seu francês*

ALTA BOOKS
EDITORA
Rio de Janeiro, 2018

Aprimorando seu Francês

Impresso no Brasil.

Obra disponível para venda corporativa e/ou personalizada. Para mais informações, fale com projetos@altabooks.com.br

---

Editoração Eletrônica
Studio Creamcrackers

Revisão
Ivone Teixeira

Copidesque
Carolina Menegassi Leocadio

Produção Editorial
LTC Livros Tec. Cientif. Editora Ltda – CNPJ: 33.829.698/0007-05

Dados Internacionais de Catalogação na Publicação (CIP) de acordo com ISBD

P293a Pastura, Angela F. Perricone

Aprimorando seu francês / Angela F. Perricone Pastura. - Rio de Janeiro : Alta Books, 2018.
224 p. ; 14cm x 21cm.

ISBN: 978-85-508-0313-5

1. Linguas. 2. Idiomas. 3. Francês. I. Título.

2018-996 CDD 440
CDU 811.133.1

Elaborado por Odilio Hilario Moreira Junior - CRB-8/9949

ALTA BOOKS
EDITORA

Rua Viúva Cláudio, 291 — Bairro Industrial do Jacaré
CEP: 20970-031 — Rio de Janeiro - RJ
Tels.: (21) 3278-8069 / 3278-8419
www.altabooks.com.br — altabooks@altabooks.com.br
www.facebook.com/altabooks

Pour mes fils Giuseppe et André,
pour mes petits-enfants Filippo, Maria Laura, Chiara et Antonia
pour la vie.

Uma palavra abriu o roupão para mim, vi tudo dela.
Manoel de Barros

Pour être simple, il faut beaucoup apprendre.
Olga Sedakova

Educar é ensinar o encanto da possibilidade.
Gilberto Dimenstein

Meus agradecimentos

Aos meus amigos tão queridos que acreditam em mim e me incentivam sempre a ser melhor professora:

Aos meus editores Viviane Rodrigues, Anderson Vieira e Gorki Starlin.
Aos professores Jean-Yves, Nanou e Bruno Cordier.
Às professoras Fanny Pomp e Laura Annette Ferreira de Moraes.
Ao diretor do Departamento de Letras da PUC-Rio, Júlio César Valadão Diniz.
Aos meus alunos e ex-alunos, todos imprescindíveis.

E a vocês, queridos leitores, pois foi pensando em vocês, que ainda não conheço, que fui pesquisando e escrevendo cada página deste livro. Sei que seguimos pela mesma estrada, a do conhecimento diário, do interesse e do amor pela língua e pela cultura francesas.

Sumário

Aprimorando seu francês

Meu objetivo ao escrever este livro é dividir um amor, é compartilhar com vocês meu entusiasmo pela língua francesa. Mostrar um novo olhar. Aprofundar. Por isso, falaremos da gíria francesa e de suas diversas formas, das expressões e locuções francesas mais utilizadas, da correspondência (quando houver) entre os provérbios franceses e os brasileiros, do gênero diferente de palavras francesas, das palavras em francês que se escrevem sempre com *s* ou *x* e que confundem o aluno, não sabendo se é singular ou plural, dos galicismos e, finalmente, de algumas músicas brasileiras que foram traduzidas para o francês mas dando-lhes um novo olhar, o jeito francês. Minha intenção ao apresentar os diferentes registros é fazê-lo, querido leitor, se interessar em ir cada vez mais adiante, pesquisando e se aprimorando.

CAPÍTULO 1

Gíria francesa

Segundo o dicionário *Aurélio*, o termo "gíria" significa:

1. LINGUAGEM DE MALFEITORES, MALANDROS, ETC. COM A QUAL PROCURAM NÃO SER ENTENDIDOS PELAS OUTRAS PESSOAS.
2. LINGUAGEM PECULIAR ÀQUELES QUE EXERCEM A MESMA PROFISSÃO OU ARTE, JARGÃO ; *A GÍRIA DOS ARTISTAS.*
3. LINGUAGEM QUE, NASCIDA NUM DETERMINADO GRUPO SOCIAL, TERMINA ENTENDENDO-SE POR SUA EXPRESSIVIDADE, E À LINGUAGEM FAMILIAR DE TODAS AS CAMADAS SOCIAIS.

Em francês, temos o termo equivalente: *l'argot*. Consultando o dicionário *Le Robert*, encontramos:

1. *Langue des malfaiteurs, du milieu; langue verte.*

Entende-se por *milieu* o conjunto das pessoas à margem da lei, que vivem de tráficos ilícitos, dos lucros da prostituição.

E *langue verte* é sinônimo de *argot*.

2. *Ensemble oral des mots non techniques qui plaisent à un groupe social.*

As definições se assemelham, pois o *argot* tem por função inicial tornar incompreensível uma mensagem para um não iniciado. É preciso também distinguir o *argot* do jargão que é próprio a um grupo profissional.

O uso do *argot* é uma maneira de contornar os tabus instaurados pela sociedade. A linguagem comum possui certa moderação para evocar explicitamente algumas realidades. O *argot* e a linguagem familiar permitem designar essas realidades por meio de uma forma de expressão desprovida das conotações imediatas ligadas às palavras do registro habitual.

Diferentes grupos sociais desenvolveram em épocas diversas sua própria maneira de falar. A importância das funções identitárias e exclusivistas varia entre os *argots*. A tendência atual privilegia a identitária sobre a codificada: o francês contemporâneo das *cités* em particular precisa menos disfarçar sua mensagem do que marcar sua vinculação ao seu grupo.

É importante também observar que, para que os outros não compreendam, o *argot* deve constantemente renovar suas maneiras de expressão. Ele pode envelhecer, ou seja, conforme as gerações, ele pode mudar.

Há vários dicionários que podem e devem ser consultados por quem se interessa e estuda a língua francesa. Meu objetivo aqui é dar alguns exemplos dessa maneira tão particular de se comunicar.

ARGENT (DINHEIRO): ARTICHE, AUBERT, AVOINE, BALLES, BEURRE, **BLÉ**, CARBURE, CRESSON, ENGRAIS, FLOUSE, **FRIC**, GALETTE, GALTOUSE, GRISBI, JAPONAIS, MAILLE, OSEILLE, OSIER, PÈSE, **POGNON**, RADIS, RONDS, TRÈFLE, THUNE

FEMME (MULHER): BELETTE, BOMBE, BOURGEOISE, FRANGINE, **GONZESSE**, SOURIS, GRELUCHE, GRELUSE, MEUF, **NANA**, POUPÉE, SOEUR, TAUPE

MANGER (COMER): BECQUETTER, BOUFFER, CASSER LA CROÛTE (OU LA DALLE), CASSER LA GRAINE, JAFFER, MASTÉGUER, TORTORER

POLICIER (POLICIAL): ARCHER, BIGNOLON, COGNE, FLIC, KEUF, MATUCHE, POULET, SCHMITT, COCHONS, BEUFS

COPULER (FAZER SEXO): BAISER, NIQUER, TRONCHER, ENFOURNER SON PAIN, DÉFONCER, ENFILER, JOUER AUX CARTES, TREMPER SON BISCUIT, TAILLADER, BEURRER LE CROISSANT, FARCIR, PINER

ÊTRE SAOÛL (ESTAR BÊBADO): BEURRÉ, BITURÉ, BOURRÉ, MALTÉ, PLEIN, SECHÉ, ROND, PILO, À BLOC, CHAUD

Antes de continuar, vale uma observação: tanto você como eu estudamos a língua francesa há anos e procuramos nos expressar da melhor maneira possível, empregando tudo o que aprendemos, mas, ao irmos à França ou ouvirmos os franceses falando entre si, qual não é nossa surpresa (desagradável) quando muito da conversa deles nos escapa. Isso acontece porque existe em francês, assim como em português, um jeito de falar meio *sauvage* que se pressupõe ser a maneira correta de se expressar. O *argot* ou francês vulgar é, por vezes, até grosseiro. O mesmo acontece com nossa língua. Passamos de um registro mais formal para um mais vulgar sem nos darmos conta e sem querer chocar. São expressões que já foram assimiladas e que usamos espontaneamente, ainda que de modo inconsciente. Entretanto, o que devemos ter em mente é procurar falar sempre da maneira correta, seja em francês ou em português, a língua pela qual nos propusermos a nos expressar.

Além disso, sabemos que é difícil para um não iniciado utilizar os termos *argotiques*. Para compreendê-los, devemos prestar atenção, escutar bem os francófonos, observar o contexto, o tom do discurso, o nível dos interlocutores.

Feita esta importante pausa, continuemos nossa lista, repito, não exaustiva:

HOMME (HOMEM): MEC, GARS, TYPE, CAÏD, GONZE

VOITURE (CARRO): BAGNOLE, GUIMBARDE (CARRO VELHO), TACOT, CAISSE, TIRE

BICYCLETTE (BICICLETA): VÉLO, BÉCANE, BICLOT

AVION (AVIÃO): COUCOU, ZINC

VÊTEMENTS (ROUPAS): FRINGUES, FRIPES, FRUSQUES, HARNAIS, LOQUES, NIPPES, PELURES, SAPES

O *argot français contemporain* é uma forma de *argot* falada na França por uma parte dos jovens. Podemos chamá-lo de *langue djeunz* (*djeunz* significa "dos jovens" - *des jeunes*), ou ainda de *langue des cités* ou *argot des cités*, porque é falado principalmente nos bairros populares (*les cités*) da França.

O *argot contemporain* apresenta as mesmas finalidades do *argot* clássico. Conserva notadamente as mesmas funções exclusivistas e identitárias, mesmo sendo, como já mencionamos anteriormente, esta última que predomina. Entretanto, o surgimento do SMS (abreviação do inglês para *short message service*) e, principalmente, a difusão da cultura *hip-hop* possibilitaram duas evoluções:

– propagação do *argot* na sociedade fora dos bairros populares onde era utilizado;

– do outro lado, relativa unificação do *argot* pelo país, mesmo mantendo nuances locais e regionais.

O *verlan* é uma forma de *argot* que consiste na inversão das sílabas de uma palavra. Foi invertendo as sílabas da locução adverbial ***à l'envers*** que o termo ***verlan*** foi criado.

Uma curiosidade: na versão medieval de *Tristan et Iseut* (*Tristão e Isolda*) encontramos uma forma de *verlan* do nome Tristan em "Tan-tris", quando o herói tem de se passar por outro.

Falado originalmente nos subúrbios franceses, o *verlan* é hoje empregado na França e popularizado por certos cantores, como Renaud, na música *Laisse béton* (= *laisse tomber*), de 1978, mas sobretudo por numerosos grupos de *rap* franceses e também por alguns cineastas, como Claude Zidi, no filme *Les Ripoux* (= *les pourris*), de 1984.

Entre 1970 e 1980, o *verlan* era correntemente falado nas *banlieues* (subúrbios). Era o jeito característico desse meio de se comunicar. O início dos anos 90, marcado pelo advento do movimento *hip-hop*, representa o começo de uma reintrodução maciça do *verlan* na linguagem falada na França, sobretudo pelas jovens gerações. O impulso do *rap* contribuiu fortemente para a disseminação do *verlan* na população francesa. O *verlan* permitiu aos adeptos e apreciadores do *rap* marcarem sua diferença cultural e social e trazerem uma nova identidade mais marginal e divertida para os adolescentes. Os textos do *rap* funcionam, às vezes, como laboratórios do *verlan*: eles são mais baseados no ritmo e no tom do que nas harmonias; as aliterações (repetição de uma consoante ou um grupo de consoantes numa frase, num verso) são onipresentes, o que leva os cantores de *rap* a inventar em caso de necessidade ou popularizar palavras em *verlan* ainda pouco conhecidas.

Em 2004, um certo *verlan* acabou sendo mais ou menos compreendido e usado por todas as camadas da sociedade, o que fez dele uma linguagem que está se democratizando e se afastando do seu lado marginal inicial.

O desenvolvimento quase exponencial dos novos meios de comunicação – o SMS, por exemplo – tornou prático o *verlan*, principalmente devido à maneira mais curta das palavras *verlanisées*, que são mais rápidas para digitar do que suas equivalentes na língua francesa oficial. Em consequência disso, representantes de camadas sociais médias e mais elevadas, grandes consumidores dessas novas formas de comunicação, passaram a utilizar o *verlan* e a compreendê-lo, mesmo sabendo que grande parte da população não o entende.

Vamos, então, ver alguns exemplos:

mulher	*femme*	*meuf*
homem, cara	*mec*	*keum*
irmão	*frère*	*reuf*
irmã	*soeur*	*reus*
mãe	*mère*	*reum*
pai	*père*	*reup*
eu	*moi*	*ouam*
você	*toi*	*ouat*
pais	*parents*	*rempss* (pronuncie o "s" final)
pequeno	*petit*	*tipeu*
mau	*méchant*	*chanmé*
gentil	*gentil*	*tigen*
irritado	*enervé*	*vénèr*
vesgo; suspeito	*louche*	*chelou*
podre	*pourri*	*ripou* (o filme *Les Ripoux*)
pesado	*lourd*	*relou*
bizarro, estranho	*bizarre*	*zarbi ou zarb*
louco	*fou*	*ouf*
louco, maluco	*dingue*	*guedin*
assim	*comme ça*	*kom ass, ça com, ass com*
feio, a	*moche*	*cheum*
quente	*chaud*	*auch*
caro, querido	*cher*	*reuch*
galho, "ligado", "na moda"	*branché*	*chébran*
besta, tolo	*bête*	*teubé*
comer	*manger*	*géman*
roubar, pegar	*choper*	*pécho*
fumar	*fumer*	*méfu*
vá lá	*vas-y*	*zyva*

divertir-se, brincar	*rigoler*	*golri*
eu não sei	*je ne sais pas*	*ché ap*
metrô	*métro*	*tromé ou trom*
carro	*voiture*	*turvoi*
troço, coisa	*truc*	*keutru*
noite	*soirée*	*réssoi*
festa	*fête*	*teuf*
cigarro	*cigarette*	*garetci*
calçados	*pompes (chaussures)*	*peupon*
disco	*disque*	*skeud*
foto	*photo*	*tof*
"baseado", maconha	*joint*	*oinj*
cachorro	*chien*	*ienche*
boca	*bouche*	*chebou*
mosca	*mouche*	*chemou*
nariz	*nez*	*zen*
dinheiro	*argent*	*genar*
música	*musique*	*zicmu ou zic*
rap	*rap*	*peura*
cidade (periferia pobre)	*cité*	*téci*

Estão achando que esse jeito de se expressar não é nada bonito? Concordo. Mas se quisermos entender o que é falado nas ruas de certas comunidades, nas canções, na televisão, nos filmes, nas conversas do dia a dia dos estudantes e dos adolescentes, devemos, ao menos, saber que esse nível de linguagem popular existe.

Os outros três registros são: o corrente (*courant*), o elevado (*soutenu*) e o familiar (*familier*). O primeiro, o corrente ou usual, corresponde a uma linguagem correta, tanto do ponto de vista lexical quanto sintático. É o estilo usado nas relações profissionais ou oficiais, quando a comunicação é impessoal e provoca uma distância entre os interlocutores: é a língua do professor com seus alunos, do apresentador de televisão, do jornalista fazendo uma reportagem. As formas e o vocabulário do registro corrente oral não são geralmente admitidos na escrita.

O registro elevado ou bem cuidado é empregado principalmente na retórica e na literatura. O vocabulário foge do habitual, as figuras de estilo são aprimoradas, usam-se o *passé simple*, o *imparfait* e o *plus-que-parfait* do subjuntivo, a forma interrogativa com inversão do sujeito e do verbo etc. Devemos ter cuidado ao empregá-lo para não parecermos inconvenientes ou, até mesmo, afetados.

O terceiro é o registro familiar, que não é totalmente correto, mas é admitido sob certas condições. Ele corresponde ao nível menos convencional, ao usual, porém com grande número de liberdades. Como o nome bem o indica, é empregado entre próximos, entre pessoas em que a formalidade pode ser atenuada, e supõe, em princípio, a ausência de todo laço hierárquico rígido entre os interlocutores (membros da família, amigos, colegas de turma, colegas de trabalho...). Essa maneira de falar usa numerosas abreviações, por exemplo:

T'ES LÀ?	*tu es là?*	você está aí?
P'TIT DÉJ	*petit déjeuner*	café da manhã
LE PROF	*professeur*	professor
LA BIBLI	*bibliothèque*	biblioteca
LA PSY	*psychanalyste*	analista
LE RESTAU U	*restaurant universitaire*	"bandejão"
L'ADO	*adolescent*	adolescente
LES MATHS	*mathématiques*	matemática
L'APPART	*appartement*	apartamento
LA CATA	*catastrophe*	catástrofe
LE CINÉ	*cinéma*	cinema
LA CLIM	*climatisation*	ar-refrigerado
EXTRA	*extraordinaire*	extraordinário(a)
LA PUB	*publicité*	propaganda
LA RÉDUC	*réduction*	abatimento
SENSASS	*sensationnel*	sensacional
SYMPA	*sympathique*	simpático(a)
LA TÉLÉ	*télévision*	televisão

UN ACCRO	*accroché*	dependente de droga no primeiro sentido, mas, em geral, apaixonado
L'APÉRO	*apéritif*	aperitivo
LA COLO	*colonie de vacances*	colônia de férias
LA DÉCO	*décoration*	decoração
UNE DÉMO	*démonstration*	demonstração
UNE DIAPO	*diapositive*	slide
UN DICO	*dictionnaire*	dicionário
UN ÉCOLO	*écologiste*	ecologista
UNE EXPO	*exposition*	exposição
UN HEBDO	*hebdomadaire*	semanal
UN INTELLO	*intellectuel*	intelectual
UN KILO	*kilogramme*	quilograma
UN LABO	*laboratoire*	laboratório
UNE PHOTO	*photographie*	fotografia
UN PRO	*profissionnel*	profissional
UNE FAC	*faculté*	faculdade
UN AMPHI	*amphithéâtre*	anfiteatro (grande sala de aula com arquibancadas)
LE BAC	*baccalauréat*	exame de fim dos estudos de ensino médio
LA PHILO	*philosophie*	filosofia
LE MÉL	*messagerie électronique*	e-mail
UN FRIGO	*régrigérateur, frigidaire*	geladeira
UN HOSTO	*hôpital*	hospital
UNE RADIO	*radiographie*	radiografia
L'APRÈM	*l'après-midi*	de tarde
LA GYM	*gymnastique*	ginástica
LA MANIF	*manifestation*	manifestação
UN PROLO	*prolétaire*	proletário

E também usa a forma interrogativa direta, empregando apenas a entonação. Exemplos:

Tu m'appelles d'où?
em vez de *D'où est-ce que tu m'appelles?*
(De onde você me telefona?)

Tu fais quoi ce soir?
em vez de *Qu'est-ce que tu fais ce soir?*
(O que você fará esta noite?)

Quando já conhecemos nosso interlocutor, podemos dizer:

– *Salut!*
– *Ça va?* ou *Comment ça va?*
– *Ça va bien, merci. Et toi?* ou: *Ça va. Et toi?* ou
– *Pas mal. Et toi?*

- Oi!
- Tudo bem? ou Como vai?
- Bem, obrigado(a). E você?

Emprega-se também um vocabulário familiar, como:

un zig	homem
la frimousse	o rosto
becter, bectancer	comer
le caillou	o crânio
laisse tomber	esqueça, deixe para lá
le cafard	depressão
canon	"avião" *(Gisele, c'est un canon!)*
capter (argot dos estudantes)	compreender
se paver	cair
bosser	trabalhar
flipper	ter medo

Há ainda a tendência de suprimir a partícula *ne* da negação:
J'ai pas bien dormi cette nuit.
em vez de

Je n'ai pas bien dormi cette nuit.
(Não dormi bem esta noite.)

Je sais pas! Il est jamais là!
em vez de: *Je* **ne** *sais* **pas**! *Il* **n'** *est* **jamais** *là.*

C'est pas cher. Elle a rien mangé.
em vez de: *Ce* **n'** *est* **pas** *cher. Elle* **n'** *a* **rien** *mangé.*

Mas lembre-se de que o uso de *ne* é mais elegante.
O pronome *on* é empregado no lugar do pronome *nous*:

Nous, on viendra.
em vez de
Nous, nous viendrons.
(Nós, nós viremos.)

Alguns exemplos de maneiras de falar de modo coloquial ou familiar:

Quoi?!	O quê?!
Comment ça?!	Como assim?!
Je suis crevé(e)!	Estou "estourado(a)"/muito cansado(a).
Ça coûte les yeux de la tête!	Isto custa os olhos da cara!
Tu rigoles!	Você está brincando?!
Tu te fiches de moi!?	Você está me gozando?!
Ça (ne) va pas, non!?	Assim não dá, não é?!
Fichez-moi la paix!	Deixe-me em paz!
La ferme!	Cale a boca!
Ta gueule!	Cale a boca!
Fais gaffe!	Preste atenção!
Il faut vraiment bûcher!	É preciso trabalhar duro/estudar muito.
J'ai séché le cours	Não fui à aula./Matei aula.
C'est promis!	Prometido!
C'est juré!	Prometido!

Promis, juré!	Prometido!
Je vous donne un coup de main?	Posso ajudar?
le truc	algo, uma coisa
le machin	algo, uma coisa
Il a la crève	Ele está com um forte resfriado/uma gripe/está doente.
J'ai rien pigé	Não compreendi nada.
Il a été collé à l'examen	Ele não passou na prova.
Il s'est planté	Ele não passou na prova.
Tu n'as vraiment pas de veine	Você realmente não tem sorte
C'est moche, ça	É chato./É feio isso.
Chapeau!	Bravo!
J'ai la frousse	Estou com medo.
J'ai la trouille	Estou com medo.
Grouille-toi!	Apresse-se!
J'en ai marre...	Estou "cheio"./Estou "por aqui".
J'en ai ras-le-bol...	Estou "cheio"./Estou "por aqui".
Je me suis marré	Eu me diverti.
C'est un type terrible	É uma pessoa sensacional.
C'est une chanson terrible	É uma canção sensacional.
Sans blague!	"Fala sério!"
C'est un type très sympa	É uma pessoa muito simpática/legal.
C'est un type super	É uma pessoa muito simpática/legal.
C'est un type très chouette	É uma pessoa muito simpática/legal.
C'est un type barbant	É uma pessoa "chata".
C'est un type rasoir	É uma pessoa "chata".
C'est un type casse-pieds	É uma pessoa "chata".
avoir un mal fou	ter dificuldades
vachement	muito
drôlement	muito
Je m'en fiche	Para mim, é indiferente.
en pagaille	muito, demais
filer	ir embora
peinard	fácil, que não cansa
le futal	a calça
une boîte	uma empresa

nase	cansado(a)
relax	descontraído(a)
un pote	um amigo
scier	espantar-se/admirar-se
flemmard	preguiçoso
taré, débile	bobo, idiota, imbecil...
On va arroser ça!	Vamos festejar isso!
On va fêter ça!	Vamos festejar isso!
C'est le top	é o que há de melhor
Un type	um cara
C'est raté!	Falhou!/Está perdido!
C'est fichu!	Falhou!/Está perdido!
Mince	Que droga!
Zut	Que droga!
Flûte	Que droga!

Você se perguntará: qual é, então, a diferença entre o *argot* e a linguagem familiar? O limite não é muito nítido, é verdade. Mas podemos afirmar que o *argot* apresenta um tom mais vulgar, como já vimos anteriormente, e o encontramos apenas no nível do vocabulário. O *argot* revela que existe na França um fosso socioeconômico e cultural. É inegável que essa maneira de se expressar marca o locutor como oriundo de meios mais desfavorecidos. A marginalização efetiva de uma grande parte dos *jeunes des banlieues* (jovens dos subúrbios), que possuem um nível de estudo inferior aos dos jovens em geral e uma taxa de desemprego mais elevada, favoreceu o desenvolvimento dessa linguagem. É uma espécie de código secreto para poder falar sem se comprometer.

É certo que a maneira de se expressar do locutor pode dar identificação sobre sua origem social, mas não podemos generalizar, pois uma pessoa pode se expressar deliberadamente, intencionalmente, usando os diferentes registros segundo a situação, dependendo do contexto – ao falar com o patrão, um colega de trabalho, um amigo de longa data ou até mesmo assistindo a um jogo de futebol com os amigos. É a circunstância da comunicação, são os outros interlocutores, são os sentimentos que estão em jogo, é o objetivo que se quer atingir, tudo isso determina o registro de língua que se deve utilizar. Todas as línguas têm seu *argot*, que está ao mesmo tempo à margem e no coração da língua, e todos precisamos, às vezes, sair da norma, o que a gíria permite, mesmo sabendo que não é sempre bem-aceita socialmente.

Mais alguns exemplos de *argot*:

la dèche	falta de dinheiro
cool	agradável, legal, relaxado(a)
ringard	cafona, fora de moda, medíocre
une tignasse	cabelos, cabeleira
un pif	nariz
un toubib	médico
chialer	chorar
une piaule	um quarto
le cinoche	cinema
le proprio	proprietário
crécher	habitar, morar
faire la plonge	lavar a louça
un boui	restaurante de última categoria
dégueulasse	nojento
fous-moi la paix	deixe-me em paz
avoir un coup de pompe	ficar cansado de repente
avoir la pêche	sentir-se bem, em boa forma
le casse-pieds	irritante, chato
piger	compreender
le bled	país de origem ou um vilarejo de menos de mil habitantes
le biff	dinheiro
la boîte	cabeça
le boucrave	delator
le caillera kayra, kaïra	escória (*racaille, verlan*)
le céfran	francês (*français, verlan*)
affranchir	avisar, prevenir, informar
s'arracher	partir
asticoter	interrogar
les arches	a polícia

bachotter	estudar para o baccalauréat
le bahut	colégio, liceu, caminhão, táxi
balancer	denunciar
une banane	nota baixa
une baraque	casa
barbater	roubar
se barrer	partir
la bécane	duas rodas ou computador
beur	francês de origem árabe

Agora que já comentamos sobre esse "outro" francês – um francês cotidiano que, na minha opinião, é indispensável para alguém que deseje entrar em contato com francófonos ou com a cultura francófona, seja pelo cinema ou por uma canção –, gostaria de fazer uma pequena homenagem à língua francesa. Foi François Ier quem impôs a prática do francês em vez do latim em todos os atos jurídicos e administrativos, em 1539. Ele deu assim um impulso decisivo a uma língua que já era a da corte e da cidade. Os humanistas e os poetas se encarregaram de refiná-la e de aperfeiçoá-la. Em 1501, em Paris, nove entre dez livros publicados eram em latim. Mas as curvas das publicações em latim e em francês se cruzam já na metade do século XVI, e depois de 1550 o número de livros publicados em francês ultrapassa o das obras em língua latina. Entretanto, o latim ainda continuará por muito tempo sendo considerado a língua das ciências, das técnicas, da medicina e da teologia. O francês era a língua da chancelaria (administração, embaixadas, escritórios), do parlamento, da corte, da cidade; o latim, o da universidade e da Igreja. Já no século XVIII, a supremacia do francês era incontestável. Tudo começou quando, no século XVI, os escritores ditos da Pléiade (Ronsard, Du Bellay, Baïf, Tyard etc.) sentiram a necessidade de criar um instrumento à altura de suas ambições literárias. Essa vontade de criar uma língua clara, codificada, em harmonia com uma ordem social e política, favorecerá o uso europeu do francês. Os filósofos lhe reconhecem um papel fundamental na evolução das modas e costumes e no advento do que se chamará de civilização. A literatura clássica aparece de agora em diante como um modelo perfeito. Tentam imitar Molière, Racine e Corneille. No entanto, mais que Versailles, é Paris e sua vida mundana e intelectual abundante que apaixonam o resto do continente. Acredita-se mesmo que o uso do francês, apenas, torna as pessoas espirituosas e filósofas. Não falar francês é recusar participar dessa festa de bom gosto, excluir-se das Lumières, proibir-se de viajar.

Há uma canção de Yves Duteil que se chama *La Langue de chez nous* e diz o seguinte sobre a língua francesa, expressando de modo magnífico tudo que gostaríamos de falar:

C'est une langue belle avec des mots superbes
É uma bela língua com palavras lindas
Qui porte son histoire à travers ses accents
Que leva sua história através de seus sotaques
Où l'on sent la musique et le parfum des herbes
Onde sentimos a música e o perfume das relvas
Le fromage de chèvre et le pain de froment
O queijo de cabra e o pão de trigo

Et du Mont-Saint-Michel jusqu' à la Contrescarpe
E do Monte Saint Michel até a Praça Contrescarpe
En écoutant parler les gens de ce pays
Escutando falar as pessoas deste país
On dirait que le vent s'est pris dans une harpe
Diríamos que o vento deixou-se agarrar numa harpa
Et qu'il en a gardé toutes les harmonies
E que ficou com todas as harmonias

Dans cette langue belle aux couleurs de Provence
Nesta bela língua com as cores da Provence
Où la saveur des choses est déjà dans les mots
Onde o sabor das coisas já está nas palavras
C'est d'abord en parlant que la fête commence
É falando primeiramente que a festa começa

Et l'on boit des paroles aussi bien que de l' eau
E bebemos as palavras assim como a água

Les voix ressemblent aux cours des fleuves et des rivières
As vozes se parecem com os cursos dos rios
Elles répondent aux méandres, au vent dans les roseaux,
Elas respondem aos meandros, ao vento nos caniços,
Parfois même aux torrents qui charrient du tonnerre
Às vezes até às torrentes que arrastam o trovão
En polissant les pierres sur le bord des ruisseaux
Polindo as pedras à beira dos riachos
C'est une langue belle à l'autre bout du monde
É uma bela língua na outra ponta do mundo (Canadá)
Une bulle de France au nord d'un continent
Uma bolha da França no norte de um continente
Sertie dans un étau mais pourtant si féconde
Engastada num torno, entretanto tão fecunda
Enfermée dans les glaces au sommet d'un volcan
Cercada pelo gelo no cume de um vulcão

Elle a jeté des ponts par-dessus l'Atlantique
Ela jogou pontes por cima do Atlântico
Elle a quitté son nid pour un autre terroir
Deixou seu ninho por uma outra terra
Et comme une hirondelle au printemps des musiques
E como uma andorinha na primavera das músicas
Elle revient nous chanter ses peines et ses espoirs
Ela volta para nos cantar suas dores e suas esperanças

Nous dire que là-bas, dans ce pays de neige
Dizer-nos que lá, neste país de neve,

Elle a fait face aux vents qui soufflent de partout
Ela enfrentou os ventos que sopram de toda parte
Pour imposer ses mots dans les collèges
Para impor suas palavras até nos colégios
Et qu'on y parle encore la langue de chez nous
E que se fala ainda a língua do nosso país

C'est une langue belle. À qui sait la défendre
É uma língua bela. Para quem sabe defendê-la
Elle offre le trésor de richesses infinies
Ela oferece o tesouro de riquezas infinitas
Les mots qui nous manquaient pour pouvoir nous comprendre
As palavras que nos faltavam para poder nos compreender
Et la force qu'il faut pour vivre en harmonie
E a força que é necessária para viver em harmonia

Et de l'île d'Orléans jusqu'à la Contrescarpe
E da ilha de Orléans até a Praça Contrescarpe
En écoutant chanter les gens de ce pays
Escutando cantar as pessoas deste país
On dirait que le vent s'est pris dans une harpe
Dir-se-ia que o vento foi pego numa harpa
Et qu'il a composé toute une symphonie
E que ele compôs toda uma sinfonia

Capítulo 2

Expressões e locuções francesas mais usuais

Meu objetivo ao escrever este capítulo é auxiliar, mesmo quem já possui um conhecimento avançado da língua francesa, na compreensão de um conjunto de palavras que equivalem a uma só. Se traduzirmos *mot à mot*, palavra por palavra, perderemos o sentido. Não tendo a pretensão de fazer uma listagem completa (pois para isso existem bons dicionários das expressões e locuções francesas), detive-me naquelas mais utilizadas. É essencial ao nosso aprofundamento do idioma conhecermos essas expressões.

O corpo humano, com suas diferentes partes, é uma fonte inesgotável de formação de expressões:

La tête (a cabeça)

1. *à la tête du client* - comportamento que varia segundo a aparência das pessoas
2. *agir à tête reposée* - agir depois de um tempo de reflexão
3. *agir sur un coup de tête* - agir de maneira impensada, sob um impulso
4. *agir de tête* - agir com resolução
5. *avoir la tête chaude* - ter um temperamento "esquentado"
6. *avoir la tête près du bonnet* - ser "esquentado"
7. *avoir la tête sur les épaules* - se diz de uma pessoa que tem a cabeça no lugar
8. *avoir une sale tête* - ser antipático
9. *casser la tête à quelqu' un* - importunar alguém
10. *avoir la tête ailleurs* - estar no mundo da lua
11. *en avoir par-dessus la tête* - estar cheio, estar até aqui
12. *faire une drôle de tête* - mostrar que está embaraçado, atrapalhado, ouvir com estranheza

13. *faire la tête* - fazer cara feia
14. *ne savoir où donner la tête* - não saber o que fazer (primeiro)
15. *n'en faire qu'à sa tête* - não aceitar conselho, só fazer o que a cabeça mandar
16. *par tête de pipe* - por pessoa
17. *perdre la tête* - ficar doido, perder a cabeça
18. *quand on n'a pas de tête, il faut avoir des jambes* - a imprevidência obriga-nos a multiplicar os esforços físicos
19. *sans queue ni tête* - sem pé nem cabeça
20. *se casser la tête* - quebrar a cabeça, se esforçar muito
21. *se creuser la tête* - refletir intensamente
22. *se monter la tête* - iludir-se, excitar a imaginação de alguém
23. *se payer la tête de quelqu'un* - zombar de alguém
24. *laver la tête à quelqu'un* - repreender alguém
25. *tenir tête* - resistir
26. *tête en l'air/tête sans cervelle/tête de linotte* - cabeça-de-vento, distraído
27. *à tue-tête* - muito alto, falar alto
28. *avoir la tête dans le cul* - acordar mal, não se sentir bem no dia seguinte de uma festa
29. *bille en tête* - com audácia, francamente, sem pensar muito
30. *se mettre martel en tête* - preocupar-se
31. *avoir un petit vélo dans la tête* - ter ideias fixas
32. *c'est une forte tête* - valentão

L'OEIL/LES YEUX (o olho/os olhos)

1. *à l'oeil* - de graça
2. *avoir des yeux dans le dos* - perceber tudo, estar bem atento
3. *avoir un oeil au beurre noir* - ter um olho roxo, com hematoma, devido a uma contusão
4. *avoir de l'oeil* - ter boa aparência
5. *avoir des yeux d'aigle, de lynx* - ter olhos de lince
6. *avoir la larme à l'oeil* - estar a ponto de chorar
7. *avoir les yeux gros* - estar a ponto de chorar
8. *avoir les yeux plus grands que le ventre* - ter o olho maior que a barriga
9. *avoir les yeux qui sortent de la tête* - estar furioso
10. *avoir un oeil à Paris et l'autre à Pontoise* - ser vesgo
11. *sauter aux yeux* - ser evidente
12. *ouvrir les yeux de quelqu'un* - revelar a alguém o que ele ignorava
13. *taper dans l'oeil* - impressionar

14. *entre quatre yeux* - em particular
15. *être tout yeux, tout oreilles* - estar atento
16. *faire de l'oeil à quelqu'un* - mostrar seu desejo a alguém
17. *faire des yeux de velours* - seduzir por olhares enlevados
18. *faire les gros yeux à quelqu'un* - mostrar sua desaprovação
19. *faire un sale oeil* - olhar com animosidade
20. *fermer les yeux sur quelque chose* - fingir que não percebeu
21. *jeter, lancer, mettre de la poudre aux yeux* - enganar pelas aparências
22. *jeter un coup d'oeil* - dar uma olhadinha
23. *l'oeil du maître* - o olho do dono, vigilância atenta do proprietário
24. *le mauvais oeil* - mau-olhado, olho gordo, pessoas cujo olhar traria infelicidade
25. *les yeux fermés* - sem hesitar, facilmente
26. *mon oeil!* - exclamação irônica que demonstra incredulidade, "Duvido!", "olha bem para minha cara"
27. *ne pas avoir froid aux yeux* - ser audacioso
28. *ne pas en croire ses yeux* - ter problemas em admitir a evidência de algo
29. *ne pas avoir les yeux dans sa poche* - ser bom observador
30. *ouvrir de grands yeux* - arregalar os olhos
31. *par-dessus les yeux* - excessivamente
32. *pour les beaux yeux de quelqu'un* - para lhe agradar, gratuitamente
33. *s'arracher, se manger les yeux* - brigar violentamente
34. *crever les yeux/sauter aux yeux* - ser evidente
35. *s'en battre, s'en taper l'oeil* - preocupar-se
36. *se rincer l'oeil* - deleitar-se
37. *se fourrer, se mettre le doigt dans l'oeil (jusqu'au coude)* - enganar-se redondamente
38. *tirer l'oeil* - atrair o olhar, surpreender
39. *tourner de l'oeil* - desmaiar
40. *yeux de merlan frit* - olhares enamorados, olhar de peixe morto
41. *avoir bon pied, bon oeil* - gozar de boa saúde
42. *faire de l'oeil à quelqu'un* - piscar o olho para alguém
43. *sortir par les yeux* - irritar pela insistência

LA MAIN/LES MAINS (a mão, as mãos)

1. *avoir la haute main sur* - comandar
2. *avoir sous la main* - ter ao alcance da mão, ter à disposição

3. *de la main à la main* - sem intermediário
4. *en venir aux mains* - chegar às vias de fato
5. *être pris la main dans le sac* - ser apanhado com a boca na botija
6. *faire main basse sur* - apropriar-se, saquear
7. *forcer la main à* - obrigar a agir contra a vontade
8. *haut la main* - facilmente, com o pé nas costas, "mãos ao alto!"
9. *mettre la dernière main sur* - ultimar
10. *ne pas y aller de main morte* - atacar firme
11. *passer la main dans le dos de quelqu'un* - lisonjear
12. *petite main* - ajudante de costureira
13. *préparé de longue main* - preparado longamente
14. *prêter la main à* - tornar-se cúmplice de, consentir
15. *sous main* - em segredo
16. *main-d'œuvre* - mão de obra
17. *main-forte* - mão forte, ajuda
18. *à pleines mains* - aos punhados, em grande quantidade
19. *à toutes mains* - sem escrúpulo
20. *avoir des mains de beurre* - ser desajeitado
21. *avoir la main* - ter sorte
22. *avoir la main heureuse* - ter sucesso
23. *avoir la main légère* - agir com doçura ou com moderação
24. *avoir le cœur sur la main* - ser muito generoso
25. *avoir les mains sales* - ter participado de um negócio escuso
26. *avoir un poil dans la main* - ser preguiçoso
27. *donner un coup de main* - dar uma mãozinha
28. *de bonne main* - de fonte segura
29. *de la main gauche* - ilegítimo
30. *de longue main* - que demanda muito tempo
31. *en mettre sa main au feu* - afirmar com toda certeza
32. *en un tour de main* - rapidamente
33. *être comme les doigts de la main* - serem muito amigos
34. *faire des pieds et des mains* - fazer grandes esforços, fazer tudo o que é possível, brigar com unhas e dentes
35. *forcer la main à quelqu'un* - obrigar alguém a fazer algo
36. *graisser la main à quelqu'un* - "molhar" a mão de alguém, corrompê-lo por dinheiro
37. *homme de main* - capanga

38. *lâcher la main* - moderar as pretensões
39. *la main lui démange* - ele/ela tem vontade de bater
40. *les mains m'en tombent* - estou muito admirado
41. *manger dans la main de quelqu'un* - ser submisso a alguém
42. *mettre la main à la pâte/mettre la main à la tâche* - participar pessoalmente de um trabalho
43. *pas plus que sur la main* - diz-se do que não existe
44. *passer la main* - dar seu lugar a outra pessoa, passar o poder para outro
45. *perdre la main* - perder a habilidade profissional
46. *prendre quelqu'un la main dans le sac* - pegar com a boca na botija
47. *prêter la main* - ajudar
48. *prêter les mains à quelque chose* - consentir
49. *se faire la main* - exercitar-se
50. *se frotter les mains* - mostrar satisfação
51. *se laver les mains de quelque chose* - desinteressar-se, não querer tomar partido
52. *tomber en de bonnes ou de mauvaises mains* - ser confiado aos cuidados de uma pessoa honesta ou desonesta, capaz ou incapaz
53. *tour de main* - habilidade
54. *une main de fer* - autoridade rigorosa
55. *prêter main-forte* - ajudar

Le pied, les pieds (o pé, os pés)

1. *à pied* - caminhando
2. *au pied levé* - de maneira improvisada
3. *avoir bon pied, bon oeil* - gozar de boa saúde, estar de olho, estar atento
4. *avoir des pieds nickelés* - ser preguiçoso, custar a se decidir
5. *avoir les (deux) pieds sur terre* - ser realista, ter os pés no chão
6. *avoir toujours les pieds en l'air* - agitar-se constantemente
7. *avoir un pied dans la tombe* - estar perto de morrer
8. *ça lui fait les pieds* - isto lhe serve de lição
9. *casser, scier les pieds à quelqu'un* - entediá-lo, aborrecê-lo muito
10. *c'est bien fait pour tes pieds* - é bem-feito para você
11. *couper l'herbe sous les pieds de quelqu'un* - passar a perna em alguém
12. *d'arrache-pied* - ininterruptamente, com afinco
13. *de pied en cap* - da cabeça aos pés
14. *de pied ferme* - decidido a resistir vigorosamente a alguém ou a algo

15. *écrire avec ses pieds* - escrever desajeitadamente
16. *être à pied* - estar sem emprego
17. *être bête comme ses pieds* - ser muito tolo, ser burro como uma porta
18. *faire du pied à quelqu'un* - cutucar alguém com o pé para chamar atenção ou para demonstrar uma intenção amorosa
19. *faire feu des quatre pieds* - mostrar-se ativo
20. *faire le pied de grue* - esperar muito tempo de pé
21. *lâcher pied* - ceder, recuar, dar no pé
22. *lever le pied* - fugir com o dinheiro de alguém, dar um desfalque
23. *avoir le pied à l'étrier* - estar com o pé no estribo, entrar numa carreira com boas perspectivas
24. *mettre le pied à l'étrier à quelqu'un* - ajudá-lo a começar
25. *mettre à pied* - despedir, demitir
26. *mettre les pieds dans le plat* - cometer uma gafe, meter os pés pelas mãos
27. *mettre pied à terre* - descer (de cavalo)
28. *mettre sur pied* - levantar, instalar, organizar
29. *ne pas savoir sur quel pied danser* - não saber o que fazer
30. *ne pas pouvoir mettre un pied devant l'autre* - ter muita dificuldade para caminhar
31. *ne pas se donner des coups de pied* - falar de si mesmo com presunção
32. *ne pas se moucher du pied* - ter grandes pretensões, pensar que tem o rei na barriga
33. *ne pas se trouver sous les pieds d'un cheval* - ser raro
34. *partir du bon pied* - se comprometer com determinação num projeto
35. *perdre pied* - ser ultrapassado pela situação, "perder pé", recuar, afundar
36. *pied à pied* - gradualmente
37. *pied-à-terre* - apartamento ocasional
38. *pied plat* - homem de pouca consideração, medíocre, sem valor, um pé-rapado
39. *pieds et poings liés* - numa total dependência, de pés e mãos atados
40. *rester les deux pieds dans le même sabot, dans le même soulier* - falta de iniciativa
41. *retomber sur ses pieds* - sair-se bem de uma dificuldade
42. *s'emmêler les pieds* - se complicar, se confundir
43. *sortir/s'en aller les pieds devant* - sair morto, sair no caixão
44. *se débrouiller comme un pied* - se virar muito mal
45. *se lever du mauvais pied/pied gauche* - estar de mau humor
46. *se prendre les pieds dans le tapis* - se atrapalhar, se confundir
47. *se tirer des pieds* - fugir, dar no pé

48. *se traîner aux pieds de quelqu'un* - se arrastar aos pés de alguém, suplicar com humildade
49. *traîner les pieds* - mostrar má vontade
50. *trouver chaussure à son pied* - achar o que convém perfeitamente
51. *un appel du pied* - convite discreto para agir
52. *être à pied d'œuvre* - estar pronto para começar um trabalho
53. *mettre au pied du mur* - obrigar alguém a agir
54. *sécher sur pied* - ser abandonado, entediar-se, morrer de tristeza
55. *au pied de la lettre* - ao pé da letra, no sentido literal
56. *c'est le pied!* - é agradável!
57. *faire des pieds et des mains* - debater-se, usar de todos os meios
58. *casser les pieds/être casse-pieds* - aborrecer, chatear; ser chato, ser maçante
59. *faire un pied de nez à quelqu'un* - zombar de alguém pondo o polegar na ponta do nariz e agitando os outros dedos
60. *prendre son pied* - experimentar prazer em alguma coisa
61. *vivre sur un grand pied* - viver com ostentação
62. *se fouler le pied* - luxar o pé
63. *faire des pieds et des mains* - fazer tudo que é possível, brigar com unhas e dentes
64. *à pied d'œuvre* - no local de trabalho, pronto para trabalhar
65. *attendre quelqu'un de pied ferme* - esperar alguém, pronto para o que der e vier
66. *au petit pied* - em menor tamanho, em ponto pequeno
67. *jouer comme un pied* - tocar, jogar, brincar, representar muito mal
68. *avoir le pied marin* - estar acostumado a viajar de navio, a andar de barco, não ser marinheiro de primeira viagem
69. *avoir un pied dans chacun des deux camps* - manter um pé em cada canoa, ter aliados em dois partidos políticos antagônicos
70. *avoir un pied dans la tombe, dans la fosse* - estar com o pé na cova, estar nas últimas
71. *coup de pied en vache* - golpe traiçoeiro
72. *être sur pied* - estar de pé
73. *mettre le pied sur la gorge à quelqu'un* - pôr a faca no pescoço de alguém, deixar alguém inteiramente constrangido
74. *vivre sur un grand pied* - ter um alto padrão de vida
75. *pied au plancher* - a toda velocidade
76. *pied-noir* - franceses instalados na Argélia antes da independência desse país
77. *pied tendre* - homem pouco viril, insignificante

Le corps (o corpo)

1. *à corps perdu* - sem medo do perigo, impetuosamente, totalmente
2. *à son corps défendant* - contra a vontade
3. *avoir du corps* - ter consistência
4. *avoir le diable au corps* - deixar-se levar pelas paixões, ter o diabo no corpo
5. *corps et âme* - inteiramente, com toda sua energia, de corpo e alma
6. *donner corps à quelque chose* - torná-lo concreto
7. *former/faire corps avec* - só formar um corpo com
8. *ne rien avoir dans le corps* - ser ou estar fraco, sem coragem
9. *pleurer toutes les larmes de son corps* - chorar muito
10. *travailler au corps* - tentar convencer
11. *esprit de corps* - apego exclusivo aos princípios de uma corporação social ou profissional
12. *faire commerce de son corps* - prostituir-se
13. *passer sur le corps de quelqu'un* - derrubar, pisar em alguém
14. *prendre corps* - tomar consistência, força

Le doigt (o dedo)

1. *au doigt et à l'oeil* - com precisão
2. *avoir de la poix aux doigts* - ser pão-duro
3. *avoir des doigts de fée* - ser muito hábil nos trabalhos delicados
4. *avoir les doigts de pieds en éventail* - experimentar um intenso prazer
5. *avoir sur les doigts* - sofrer uma repreensão
6. *brûler les doigts* - diz-se de uma coisa suscetível de implicar alguém num caso criminoso
7. *croiser les doigts* - esperar alguém ou alguma coisa com apreensão
8. *du bout du doigt/des doigts* - delicadamente
9. *être à deux doigts de* - estar muito perto de
10. *être comme les doigts de la main* - serem muito amigos
11. *filer, glisser entre les doigts* - escapar
12. *il s'en est fallu d'un doigt* - faltou pouco
13. *le petit doigt en l'air* - de maneira afetada
14. *le petit doigt sur la couture du pantalon* - de uma obediência rigorosa
15. *les doigts dans le nez* - sem dificuldade
16. *mettre le doigt dans l'engrenage* - engajar-se num processo irreversível
17. *mettre le doigt dessus* - adivinhar

18. *mettre le doigt entre l'arbre et l'écorce/mettre le doigt entre l'enclume et le marteau* - intervir nos negócios dos outros
19. *mon petit doigt me l'a dit* - você não precisa saber como eu soube, um passarinho me contou...
20. *montrer du doigt* - denunciar
21. *ne pas bouger, ne pas remuer le petit doigt* - não intervir
22. *ne rien faire de ses six doigts* - não fazer absolutamente nada
23. *on peut les compter sur ses (dix) doigts* - são pouco numerosos
24. *s'en lécher les doigts* - achar saboroso
25. *se fourrer, se mettre le doigt dans l'oeil (jusqu'au coude)* - enganar-se
26. *se mordre les doigts de quelque chose* - lamentar muito
27. *sur le bout des doigts* - perfeitamente
28. *taper sur les doigts de quelqu'un* - repreender alguém
29. *toucher du doigt quelque chose* - compreender alguém
30. *un doigt de* - uma pequena quantidade de
31. *y mettre les quatre doigts et le pouce* - às mãos cheias

Le bras (o braço)

1. *à bout de bras* - fazendo grandes esforços
2. *à bras-le-corps* - sem rodeios, sinceramente
3. *à bras ouverts* - calorosamente, com amizade
4. *à bras raccourci(s)* - violentamente
5. *à plein bras* - em plena atividade
6. *à tour de bras* - com toda força
7. *arrêter, retenir le bras de quelqu'un* - impedi-lo de agir
8. *avoir l'arme au bras* - ser vigilante
9. *avoir le bras long* - ter influência
10. *avoir les bras à la retourne/avoir les bras retournés* - ser preguiçoso
11. *avoir les bras croisés* - estar sem trabalhar
12. *avoir les yeux qui se croisent les bras* - ser vesgo, envesgar
13. *avoir, se mettre sur les bras* - ter a seu encargo, ser responsável por
14. *baisser les bras* - renunciar
15. *bras d'honneur* - gesto obsceno (banana)
16. *bras de fer* - prova de força
17. *bras dessus, bras dessous* - de braços dados

18. *casser, couper bras et jambes à quelqu'un* - tirar a coragem de alguém
19. *d'un bras de fer* - duramente, prova de força
20. *en bras de chemise* - sem paletó, mangas arregaçadas
21. *être dans les bras de Morphée* - dormir (*Morfeu*, na mitologia grega deus dos sonhos, filho do Sono — Hypnos e da Noite)
22. *être le bras droit de quelqu'un* - auxiliar alguém
23. *faire les beaux, les grands bras* - mostrar presunção
24. *gros comme le bras* - expressão que serve para reforçar uma apreciação elogiosa, lisonjeira
25. *huile de bras* - esforço
26. *jouer les gros bras* - bancar o importante
27. *lever les bras* - render-se
28. *lever les bras au ciel* - demonstrar importância
29. *les bras ballants* - sem fazer nada
30. *les bras m'(t'...) en tombent* - expressão que mostra espanto, admiração (ficar bobo, cair das nuvens)
31. *manquer de bras* - falta de mão de obra
32. *ne pas avoir quatre, cent bras* - não poder fazer mais
33. *prêter son bras* - ajudar
34. *se croiser les bras* - parar de trabalhar
35. *tendre les bras vers quelqu'un* - convidá-lo de maneira insistente, perdoar-lhe, implorar-lhe, desejá-lo
36. *jouer petit bras* - adotar uma atitude moderada, até mesmo temerosa
37. *couper bras et jambes à quelqu'un* - desanimar alguém
38. *donner le bras à quelqu'un* - acompanhar alguém segurando-lhe o braço
39. *gros bras* - pessoa que se gaba da força, fanfarrão; homem empregado como segurança pela força física

La bouche (a boca)

1. *de bouche à oreille* - à boca pequena, secretamente
2. *faire la petite bouche* - ser exigente, fazer-se de rogado
3. *garder pour la bonne bouche* - reservar (o melhor) para o fim
4. *bouche d' égoût* - bueiro
5. *à bouche que veux-tu* - com abundância, à vontade, até fartar, até dizer chega
6. *à cheval donné on ne regarde pas la bouche* - não se critica presente
7. *avoir de la bouillie dans la bouche* - não ter papas na língua

8. *avoir l'eau à la bouche* - desejar
9. *en avoir plein la bouche de* - falar de algo frequentemente e com admiração, encher a boca para falar de alguém ou de algo
10. *bouche en cul de poule* - boca arredondada e apertada por denguice
11. *bouche inutile* - pessoa que vive às custas de outra pessoa
12. *ce n'est pas pour ta bouche!* - não é para você/não é para o teu bico!
13. *demeurer bouche cousue* - ficar sem falar
14. *être bouche bée* - ficar admirado, boquiaberto
15. *être fine bouche* - ser um gourmet
16. *être sur toutes les bouches* - ser o assunto das conversas
17. *faire la fine bouche/faire la petite bouche* - fazer-se de difícil, demonstrar desdém
18. *la bouche en cœur* - diz-se de alguém afetado, que faz trejeitos
19. *la vérité parle par sa bouche* - ele/ela diz a verdade
20. *ouvrir la bouche* - começar a falar
21. *par la bouche de* - por intermédio de
22. *Saint Jean Bouche d'or* - diz-se de uma pessoa eloquente
23. *ta bouche!* - cale a boca!
24. *s'embrasser à bouche que veux-tu* - dar muitos beijos

La dent (o dente)

1. *dent de sagesse* - dente siso
2. *avoir la dent* - ter fome
3. *avoir la dent dure* - ser maldizente
4. *avoir une dent* - ter ressentimentos
5. *être sur les dents* - estar estafado, exausto
6. *avoir les dents longues* - ter muita ambição
7. *avoir quelque chose à se mettre sous la dent* - ter alguma coisa para comer
8. *c'est l'histoire de la dent en or* - é uma mentira
9. *claquer des dents* - ter frio, ter medo
10. *creuser sa tombe avec ses dents* - fazer excessos à mesa
11. *croquer à belles dents* - comer com apetite
12. *du bout des dents* - a contragosto
13. *grincer des dents* - estar com raiva
14. *il n'y en a pas pour remplir une dent creuse* - não há quase nada para comer
15. *jusqu'aux dents* - de um modo excessivo
16. *mentir comme un arracheur de dents* - mentir desaforadamente, insolentemente

17. *montrer les dents* - ter uma atitude hostil
18. *ne pas desserrer les dents* - recusar-se a falar
19. *ne pas perdre un coup de dent* - comer sem parar
20. *parler entre ses dents* - falar de modo indistinto, resmungar
21. *prendre le mors aux dents* - ficar com raiva, insubordinar-se, arrebatar-se
22. *quand les poules auront des dents* - jamais
23. *rire à pleines dents* - rir sem parar
24. *se casser les dents sur quelque chose* - fracassar
25. *se faire les dents* - aguerrir, acostumar-se à guerra, a rudes trabalhos, ao que é penoso
26. *serrer les dents* - ficar com raiva, mostrar energia
27. *une rage de dents* - uma violenta dor de dente

La langue (a língua)

1. *avaler sa langue* - calar-se
2. *avoir la langue bien affilée, bien pendue* - ser tagarela, não ter papas na língua
3. *avoir la langue bien longue* - não saber se calar
4. *avoir perdu sa langue* - calar-se
5. *avoir quelque chose sur le bout de la langue* - não poder achar uma palavra que escapa
6. *avoir soif à avaler sa langue* - ter muita sede
7. *avoir un boeuf sur la langue* - recusar-se a falar
8. *avoir un cheveu sur la langue* - zezear, pronunciar o "z" em lugar do "j" ou do "g"
9. *coup de langue* - maledicência
10. *délier, dénouer la langue de quelqu'un* - fazer alguém falar
11. *donner sa langue au chat* - renunciar a adivinhar qualquer coisa, entregar os pontos
12. *en avoir la langue qui pend sur le plancher* - ter uma febre alta
13. *faire des langues fourrées* - beijar
14. *faire la langue à quelqu'un* - repreender alguém
15. *la langue des dieux* - a poesia
16. *la langue me démange* - tenho vontade de falar
17. *la langue verte* - a gíria
18. *langue de bois* - linguagem convencional da propaganda política
19. *langue de serpent, de vipère* - má língua, língua viperina
20. *ma (ta...) langue a fourché* - disse uma palavra por outra
21. *mauvaise, méchante langue* - pessoa maledicente
22. *ne pas avoir sa langue dans sa poche* - não saber calar-se

23. *prendre langue avec quelqu'un* - iniciar uma conversa com alguém
24. *qui langue a, à Rome va* - quem tem boca vai a Roma/quem fala bem pode ir a qualquer lugar
25. *se mordre la langue* - arrepender-se do que disse
26. *tenir sa langue* - calar-se
27. *tirer la langue* - ter sede ou passar necessidade
28. *tirer la langue à quelqu'un* - zombar de alguém
29. *tourner sept fois sa langue dans sa bouche avant de parler* - deve-se refletir antes de falar

L'OREILLE (a orelha)

1. *arriver, venir aux oreilles de quelqu'un* - chegar aos ouvidos de alguém, tomar conhecimento
2. *avoir dans l'oreille* - lembrar-se
3. *avoir du coton dans les oreilles* - ser surdo
4. *avoir l'oreille basse* - estar com vergonha
5. *avoir l'oreille de quelqu'un* - gozar da sua confiança, ter influência sobre ele
6. *avoir la puce à l'oreille* - desconfiar de alguma coisa, estar com a pulga atrás da orelha
7. *avoir les oreilles battues, rebattues* - ouvir falar incessantemente de alguma coisa
8. *caresser, frotter les oreilles* - corrigir
9. *casser les oreilles* - exasperar, ensurdecer
10. *chatouiller, échauffer les oreilles à quelqu'un* - exasperar alguém com as conversas
11. *corner aux oreilles de quelqu'un* - repetir-lhe sempre as mesmas coisas ou falar-lhe muito alto
12. *couper les oreilles (en pointe)* - diz-se como ameaça
13. *de bouche à oreille* - secretamente, à boca pequena
14. *dire à l'oreille/dire dans le creux de l'oreille/dire dans le tuyau de l'oreille* - dizer em segredo
15. *donner sur les oreilles à quelqu'un* - esbofeteá-lo
16. *dormir sur ses deux oreilles* - dormir sem nenhuma preocupação, dormir a sono solto
17. *dresser, prêter l'oreille* - estar atento
18. *écorcher les oreilles* - ser penoso de ouvir
19. *en avoir par-dessus les oreilles* - estar aborrecido
20. *entrer par une oreille et sortir par l'autre* - entrar por uma orelha e sair pela outra, não suscitar nenhuma atenção em alguém
21. *être tout yeux, tout oreilles* - estar muito atento
22. *faire la sourde oreille* - recusar-se a ouvir

23. *fendre l'oreille à quelqu'un* - destruir a carreira de alguém, demiti-lo
24. *fermer l'oreille à quelque chose* - recusar-se a ouvi-lo
25. *glisser à l'oreille* - dizer de modo confidencial
26. *laisser passer, montrer, percer, voir le bout de l'oreille* - deixar adivinhar suas intenções, trair-se
27. *les murs ont des oreilles* - há espiões por toda parte
28. *les oreilles lui cornent/lui sifflent/lui tintent* - ele ouve mal/ele desconfia que estão falando dele
29. *n' écouter que d'une oreille* - escutar distraidamente
30. *ne dormir que d'une oreille* - dormir um sono leve
31. *ne pas tomber dans l'oreille d'un sourd* - diz-se de uma informação que será aproveitada
32. *rougir jusqu'aux oreilles* - enrubescer intensamente
33. *se boucher les oreilles* - não querer ouvir
34. *se faire tirer les oreilles* - resistir muito tempo, ceder a custo
35. *se gratter l'oreille* - mostrar embaraço
36. *tendre l'oreille* - escutar com atenção
37. *ventre affamé n'a pas d'oreilles* - não se escuta nada quando se está com fome
38. *avoir de l'oreille* - ter bom ouvido, saber distinguir os sons musicais
39. *être dur d'oreille* - um pouco surdo
40. *grandes oreilles* - escutas telefônicas para espionar

Le cheveu (o cabelo)

1. *arriver comme un cheveu sur la soupe* - chegar inoportunamente
2. *avoir mal aux cheveux* - estar de ressaca
3. *couper les cheveu en quatre* - procurar sutilezas
4. *en cheveux* - de cabelos soltos
5. *il s'en faut d'un cheveu* - está por um fio
6. *ne tenir qu'à un cheveu* - estar por um fio
7. *avoir un cheveu sur la langue* - ter um defeito de pronúncia, zezear, pronunciar o "z" em lugar de "j" ou "g"
8. *d'un cheveu* - por muito pouco, por um triz
9. *être tiré par les cheveux* - diz-se de um raciocínio forçado e duvidoso
10. *faire dresser les cheveux sur sa tête* - aterrar, horrorizar
11. *il y a un cheveu* - há um aborrecimento, um obstáculo
12. *saisir, prendre l'occasion aux cheveux* - agarrá-la (a ocasião) rapidamente, sem hesitar
13. *se faire des cheveux (blancs)* - preocupar-se, aborrecer-se

14. *se prendre aux cheveux* - bater-se, puxar pelos cabelos (numa briga)
15. *chercher des cheveux sur les oeufs* - procurar pelo em ovo, implicar, armar um problema, por dá cá aquela palha
16. *s'arracher les cheveux* - desesperar-se
17. *tiré par les cheveux* - apresentado de modo pouco natural

Le nez (o nariz)

1. *à plein nez* - muito forte
2. *à vue de nez* - aproximadamente
3. *allonger le nez* - estar decepcionado
4. *au nez et à la barbe de quelqu'un* - abertamente
5. *avoir du nez/avoir le nez creux, le nez fin* - ser perspicaz, prudente
6. *avoir le nez long* - manifestar uma grande decepção
7. *avoir quelqu'un dans le nez* - detestá-lo
8. *avoir un trou sous le nez* - ser um bêbado ou um comilão
9. *avoir un verre dans le nez* - estar levemente bêbado
10. *baisser le nez* - estar confuso
11. *ce n'est pas pour ton nez!* - não é para o seu bico!
12. *claquer la porte au nez de quelqu'un* - dar com a porta na cara de alguém
13. *donner du nez en terre* - fracassar
14. *donner sur le nez à quelqu'un* - bater nele
15. *faire un long/drôle de nez* - manifestar sua decepção
16. *faire un pied de nez à quelqu'un* - zombar de alguém colocando o polegar no nariz e levantando os outros dedos separados
17. *fourrer son nez dans quelque chose* - meter o nariz ou o bedelho em tudo, ser indiscreto
18. *gagner les doigts dans le nez* - ganhar sem dificuldade
19. *jusqu'aux trous du nez* - completamente
20. *le nez au vent* - flanando
21. *le nez en l'air* - sem prestar atenção
22. *mener quelqu'un par le bout du nez* - ter uma grande influência sobre ele
23. *mettre à quelqu'un le nez dans son caca* - causar vergonha
24. *montrer le bout de son nez/montrer le (son) nez* - aparecer, deixar ver suas intenções
25. *ne pas lever le nez* - ter muita aplicação
26. *ne pas voir plus loin que le bout de son nez* - faltar discernimento, não ver um palmo diante do nariz
27. *nez à nez* - face a face

28. *nez à piquer des gaufrettes* - nariz pontudo
29. *nez en pied de marmite* - nariz largo embaixo e arrebitado
30. *paraître comme le nez au milieu de la figure* - ser evidente
31. *passer sous le nez de quelqu'un* - escapar-lhe
32. *peler le nez* - entediar, aborrecer com falações inoportunas
33. *pendre au nez* - ser iminente, ameaçar
34. *piquer du nez* - cair para a frente, cair no sono
35. *prendre son nez pour ses fesses* - enganar-se
36. *regarder quelqu'un sous le nez* - encará-lo
37. *se bouffer, se manger le nez* - brigar violentamente
38. *se casser le nez à la porte de quelqu'un* - não encontrá-lo em casa, "quebrar a cara"
39. *se casser le nez sur quelque chose* - fracassar
40. *se piquer le nez* - beber de modo exagerado
41. *si on lui pressait le nez, il en sortirait encore du lait* - diz-se de alguém muito jovem que tem a pretensão de agir como um homem
42. *sortir par les trous du nez* - causar aversão, repugnar
43. *tirer les vers du nez à quelqu'un* - fazer-lhe confessar um segredo
44. *tordre le nez sur quelque chose* - desprezar, desdenhar torcendo o nariz
45. *votre nez branle, remue* - diz-se de alguém que está mentindo
46. *se voir comme le nez au milieu du visage* - isto é claro como água
47. *la moutarde lui monte au nez* - ele está tomado pela raiva, pela impaciência
48. *se noircir le nez* - embriagar-se
49. *parler du nez* - falar pelo nariz, fanho
50. *ça lui pend au nez* - isto corre o risco de lhe acontecer

Le cou (o pescoço)

1. *jusqu'au cou* - completamente
2. *passer la corde au cou de quelqu'un* - enforcá-lo, casá-lo
3. *sauter, se jeter au cou de quelqu'un* - beijá-lo efusivamente
4. *se casser, se rompre le cou* - ferir-se gravemente ao cair
5. *tendre le cou* - deixar-se maltratar sem resistir, resignar-se
6. *avoir la bride sur le cou* - ter toda liberdade de agir
7. *prendre ses jambes à son cou* - fugir rapidamente
8. *rompre le cou* - matar
9. *se casser le cou* - dar uma queda mortal, arruinar-se, dar cabo da fortuna
10. *tordre le cou* - estrangular

Le coude (o cotovelo)

1. *au coude à coude* - muito próximos uns dos outros
2. *huile de coude* - esforço
3. *jouer des coudes* - abrir passagem na multidão à força de cotoveladas; seguir seu caminho sem se preocupar com os outros
4. *se serrer les coudes* - ser solidário
5. *sous le coude* - em espera
6. *lever le coude* - encher a cara
7. *mettre de l'huile de coude* - trabalhar valentemente
8. *ne pas se moucher du coude* - ter grandes pretensões
9. *se mettre le doigt dans l'oeil jusqu'au coude* - enganar-se

La jambe (a perna)

1. *à toutes jambes* - muito rapidamente
2. *avoir de bonnes jambes* - ser capaz de andar muito tempo
3. *avoir de mauvaises jambes* - caminhar com dificuldade
4. *avoir des jambes de cerf* - ser um bom caminhador
5. *avoir des jambes de quinze, de vingt ans* - ser ágil apesar da idade
6. *avoir des kilomètres dans les jambes* - ter percorrido um longo caminho
7. *avoir les jambes coupées* - estar sem forças ou desanimado
8. *avoir les jambes en coton/avoir les jambes molles* - estar sem forças
9. *ça vaut mieux qu'une jambe cassée* - não é muito grave
10. *casser, couper, rompre bras et jambes à quelqu'un* - tirar-lhe a coragem
11. *cela me (te...) fait une belle jambe* - isto não me (te...) é de nenhuma utilidade
12. *couper les jambes à quelqu'un* - torná-lo incapaz de reagir
13. *donner des jambes* - fazer correr
14. *en avoir plein les jambes* - estar cansado de caminhar
15. *être toujours dans les jambes de quelqu'un* - importuná-lo
16. *faire quelque chose par-dessous la jambe* - fazer sem cuidado
17. *jambes de coq* - pernas finas
18. *jambes Louis XV* - pernas arqueadas
19. *la jambe!* - basta!
20. *n'aller que d'une jambe* - perigar
21. *ne plus avoir de jambes* - estar esgotado
22. *partie de jambes en l'air* - folguedos amorosos
23. *partir la queue entre les jambes* - ficar confuso depois de um fracasso

24. *prendre ses jambes à son cou* - fugir rapidamente
25. *rompre les jambes* - cansar
26. *tenir la jambe à quelqu'un* - importuná-lo com suas conversas
27. *trainer la jambe* - caminhar com dificuldade
28. *traiter quelqu'un par-dessous la jambe* - desprezá-lo
29. *par-dessous la jambe* - sem grande trabalho, facilmente
30. *se mettre en jambes* - aquecer-se antes de um esforço físico

Le cœur (o coração)

1. *à cœur joie* - abundantemente
2. *à cœur ouvert* - com franqueza, sinceramente
3. *aller droit au cœur* - emocionar
4. *avoir à cœur* - mostrar interesse por alguma coisa
5. *avoir bon cœur* - ser caridoso, ser bom
6. *avoir du cœur à l'ouvrage* - trabalhar com entusiasmo
7. *avoir du cœur au ventre* - ser corajoso
8. *avoir du poil au cœur* - mostrar coragem
9. *avoir le cœur au bord des lèvres* - ter náusea
10. *avoir le cœur bien accroché* - não ser emotivo
11. *avoir le cœur gros* - ficar triste, ter vontade de chorar
12. *avoir le cœur léger* - estar despreocupado
13. *avoir le cœur sur la main* - ser muito generoso
14. *avoir le cœur sur les lèvres* - ser franco, leal, sincero, mostrar franqueza
15. *avoir le cœur retourné/avoir mal au cœur* - ter náusea, vontade de vomitar
16. *avoir quelque chose sur le cœur* - experimentar ressentimento
17. *avoir un cœur d'amadou* - apaixonar-se facilmente
18. *avoir un cœur d'or* - ter um coração de ouro, excelente coração
19. *chauffer le cœur* - encorajar
20. *cœur à cœur* - com franqueza
21. *cœur d'artichaut* - inconstante no amor
22. *cœur de marbre* - insensível
23. *coup au cœur* - grande emoção
24. *coup de cœur* - atração espontânea
25. *crever le cœur* - cortar o coração, causar dó ou compaixão
26. *de bon cœur* - com prazer, com muito gosto, de boa vontade

27. *de cœur* - de grande valor, generoso
28. *de gaieté de cœur* - deliberadamente, por querer
29. *de tout cœur* - inteiramente
30. *de tout son cœur* - extremamente
31. *déchirer le cœur* - entristecer
32. *dîner par cœur* - ficar sem jantar
33. *en avoir le cœur net* - inteirar-se, elucidar-se, tirar a limpo
34. *faire battre le cœur* - emocionar
35. *faire contre mauvaise fortune bon cœur* - mostrar-se corajoso na adversidade, fazer das tripas coração
36. *faire la bouche en cœur* - fazer trejeitos, ser afetado
37. *faire le joli cœur* - mostrar-se galante, seduzir pela elegância
38. *fendre, serrer le cœur* - dar pena, apertar o coração
39. *gagner le cœur de quelqu'un* - seduzir alguém
40. *haut les cœurs!* - coragem!
41. *jeter du cœur sur le carreau* - vomitar
42. *le cœur n'y est pas* - é sem prazer
43. *loin des yeux, loin du cœur* - o amor não resiste à ausência/longe dos olhos, longe do coração
44. *mauvaise tête mais bon cœur* - diz-se de uma pessoa de temperamento difícil mas de bom coração
45. *ne pas porter quelqu'un dans son cœur* - detestar alguém
46. *ouvrir son cœur à quelqu'un* - confiar em alguém
47. *par cœur* - de cor
48. *parler à cœur ouvert* - falar francamente
49. *peine de cœur* - tristeza de amor
50. *porter dans son cœur* - gostar
51. *prendre à cœur* - aplicar-se, esmerar-se
52. *rester sur le cœur* - ser difícil de aceitar
53. *se ronger le cœur* - abandonar-se a um desgosto pungente ou a uma paixão devoradora
54. *sans cœur* - insensível
55. *si le cœur vous en dit* - se lhe apraz, se você deseja
56. *tenir à cœur* - ter importância
57. *vider son cœur* - revelar seus sentimentos
58. *avoir le cœur barbouillé* - ter vontade de vomitar
59. *cela me soulève le cœur* - isto me faz embrulhar o estômago

60. *le cœur me manque* - falta-me coragem
61. *garder sur le cœur* - ficar com ressentimento
62. *mettre, remettre le cœur au ventre* - inspirar coragem, restituir a coragem
63. *reprendre cœur* - readquirir forças, retomar coragem
64. *à cœur* - diz-se de um queijo cuja maturação está terminada
65. *avoir un cœur de pierre* - ser impiedoso
66. *du cœur au ventre* - coragem
67. *joli, gentil comme un cœur* - muito bonito, muito gentil
68. *faire mal au cœur* - afligir, consternar

L'ESTOMAC (o estômago)

1. *à l'estomac (au culot)* - por intimidação
2. *avoir l'estomac creux, dans les talons* - ter muita fome
3. *rester sur l'estomac* - ser difícil de digerir, de aceitar
4. *avoir de l'estomac* - ter estômago, ter muito sangue-frio ou audácia
5. *avoir l'estomac bien accrocché* - não experimentar nenhum desgosto
6. *avoir un estomac d'autruche* - digerir qualquer coisa
7. *avoir un trou dans l'estomac* - estar ainda com fome
8. *manquer d'estomac* - faltar coragem
9. *ouvrir l'estomac* - abrir o apetite

LA CÔTE (a costela)

1. *avoir les côtes en long* - ser preguiçoso
2. *caresser, chatouiller les côtes à quelqu'un* - bater em alguém
3. *côte à côte* - muito perto
4. *s'imaginer être de la côte de Charlemagne, de Saint Louis* - julgar-se uma grande personagem, bem-nascido
5. *on lui compterait les côtes* - ele é muito magro
6. *rompre les côtes à quelqu'un* - quebrar as costelas de alguém, bater-lhe violentamente
7. *rire à s'en tenir les côtes* - rir muito
8. *serrer les côtes à quelqu'un* - perseguir alguém incessantemente com pedidos, obrigá-lo a fazer uma coisa contra a vontade

Le cul (o ânus)

1. *avoir des couilles au cul* - ser corajoso
2. *avoir le cul bordé de nouilles/avoir le cul cousu de médailles/avoir du cul* - ter muita sorte
3. *avoir le cul entre deux chaises/avoir le cul entre deux selles* - hesitar entre dois partidos
4. *avoir le feu au cul* - estar com muita pressa ou se diz de uma mulher muito inclinada ao amor
5. *baiser le cul de la vieille* - perder
6. *botter le cul à quelqu'un* - maltratar, dar um chute no traseiro de alguém
7. *c'est à se taper le cul par terre* - é ridículo
8. *casser le cul à quelqu'un* - aborrecer muito alguém
9. *cul béni* - beato, carola
10. *cul de plomb* - pessoa sedentária, funcionário público
11. *cul terreux* - camponês
12. *en avoir plein, ras le cul* - algo passar dos limites, estar "por aqui", estar com o saco cheio
13. *et mon cul, c'est du poulet* - expressão que marca recusa ou desdém
14. *être comme cul et chemise* - inseparáveis
15. *être sur le cul* - estar cansado
16. *faire cul sec* - esvaziar o copo de uma só vez
17. *faire la bouche en cul de poule* - ter trejeitos, ser afetado
18. *faux cul* - pessoa que não merece confiança
19. *jouer à cul levé* - perder
20. *l'avoir dans le cul* - perder, levar na cabeça, entrar bem
21. *lécher le cul* - puxar o saco
22. *montrer son cul* - confessar-se vencido
23. *parle à mon cul, ma tête est malade* - isto não me interessa
24. *pendre au cul à quelqu'un* - ameaçar
25. *péter plus haut que son cul* - mostrar um orgulho exagerado, ter o olho maior que a barriga
26. *pisser au cul* - desprezar
27. *prendre son cul pour ses chausses* - enganar-se
28. *rester, tomber sur le cul* - estar admirado
29. *se casser le cul* - esforçar-se, esmerar-se
30. *se geler, se peler le cul* - sentir muito frio
31. *se lever le cul devant* - estar de mau humor
32. *se mettre quelque chose au cul* - desprezá-lo

33. *se taper le cul par terre* - se alegrar
34. *si le cul te pèle, ce ne sera pas de cet oignon* - não conte comigo
35. *tenir quelqu'un au cul et aux chausses* - tratar alguém com brutalidade
36. *tirer au cul* - esquivar-se das tarefas maçantes
37. *y aller de cul et de tête* - agir sem pensar, com leviandade
38. *cul par-dessous la tête* - de pernas para o ar, de cabeça para baixo
39. *cul-de-sac* - beco sem saída

L'os (o osso)

1. *amène tes os* - venha aqui
2. *avoir de l'os* - ter dinheiro
3. *donner un os à ronger à quelqu'un* - conceder a alguém uma vantagem mínima para livrar-se da pessoa
4. *en chair et en os* - em carne e osso, em pessoa
5. *il y a un os* - há uma dificuldade
6. *jeter un os à quelqu'un* - dar a alguém uma parte nos lucros para se conciliar
7. *jusqu'à l'os/aux os* - inteiramente, completamente
8. *l'avoir dans l'os* - perder
9. *n'avoir que les os et la peau* - ser pele e osso, muito magro
10. *ne pas faire de vieux os* - não durar muito tempo, não morrer de velho
11. *remballer ses os* - partir
12. *ronger jusqu'à l'os* - esgotar
13. *tomber sur un os* - encontrar uma dificuldade, um obstáculo
14. *un paquet, un sac d'os* - pessoa muito magra
15. *y laisser ses os* - morrer
16. *être percé, trempé, mouillé jusqu' aux os* - estar encharcado até os ossos

La gueule (na linguagem coloquial, a boca ou a cara)

1. *avoir de la gueule* - dar boa impressão
2. *avoir la gueule de bois* - estar de ressaca
3. *faire la gueule* - fazer cara feia
4. *fermer sa gueule* - calar-se
5. *fine gueule* - gourmet
6. *grande gueule, fort en gueule* - pessoa que tem o hábito de falar alto ou que fala com segurança mas não age com eficácia, um fanfarrão

7. *gueule noir* - mineiro (ao norte da França)
8. *se casser la gueule* - cair ou fracassar
9. *se jeter dans la gueule du loup* - pôr-se numa situação perigosa por imprudência
10. *casser la gueule à* - quebrar a cara de
11. *arriver, venir la gueule enfarinée* - mostrar uma ingenuidade excessiva ou ser hipócrita
12. *donner de la gueule* - gritar
13. *emporter la gueule* - diz-se de pratos muito temperados
14. *être porté sur la gueule* - gostar de comer bem
15. *faire un sale gueule* - estar furioso
16. *gueule d'amour* - rapaz sedutor
17. *gueule d'empeigne, de raie* - rosto desagradável
18. *pousser un coup de gueule* - gritar
19. *se fendre la gueule* - rir muito
20. *se foutre de la gueule de quelqu'un* - zombar de alguém
21. *tomber dans la gueule du loup* - expor-se a um perigo

Le dos (as costas)

1. *à dos d'âne, à dos de chameau* - montado nas costas de um asno, de um camelo
2. *avoir quelqu'un sur son dos* - ter sempre alguém atrás de você, ser constantemente perturbado
3. *en avoir plein le dos* - estar saturado, estar cheio
4. *renvoyer dos à dos* - não dar ganho de causa a qualquer das partes, não dar razão a nenhum dos litigantes
5. *scier le dos à quelqu'un* - encher o saco de alguém
6. *agir dans le dos de quelqu'un* - agir à sua revelia, fazer pelas costas de alguém
7. *avoir bon dos* - ter as costas largas, suportar injustamente a responsabilidade de alguma coisa, pagar o pato
8. *avoir le dos tourné* - não vigiar mais com atenção
9. *battre dos et ventre* - bater violentamente
10. *coup de poignard dans le dos* - um golpe pelas costas, traição
11. *de dos* - de costas
12. *en avoir plein le dos* - estar farto
13. *faire le gros dos* - arquear o corpo (gato); bancar o importante; suportar pacientemente
14. *l'avoir dans le dos* - não obter o que queria, estar decepcionado
15. *mettre sur le dos de* - responsabilizar, atirar a culpa sobre

16. *se mettre quelqu'un (tout le monde) à dos* - indispor alguém (todo mundo) contra si
17. *être dos au mur* - encontrar-se numa situação desesperadora
18. *faire froid dans le dos* - provocar medo, um frio na espinha
19. *faire la bête à deux dos* - fazer amor
20. *faire un enfant dans le dos à quelqu'un* - enganar alguém
21. *le dos au chaud, le ventre à table/le dos au feu, le ventre à table* - bem instalada para comer
22. *ne rien avoir à mettre sur le dos* - ser pobre, não ter o que vestir
23. *ne pas y aller avec le dos de la cuillère* - não usar de meias medidas, agir com grosseria
24. *tourner le dos* - ir embora
25. *tourner le dos à quelqu'un* - abandoná-lo, virar as costas

La peau (a pele)

1. *avoir quelqu'un dans la peau* - amar alguém com paixão, estar gamado
2. *être bien, mal dans sa peau* - estar ou não à vontade
3. *faire la peau à quelqu'un* - matar alguém
4. *gants de peau/sac en peau* - luvas de couro fino/bolsa de couro fino
5. *j'aurai sa peau* - eu o matarei
6. *n'avoir que la peau sous les os* - estar muito magro, só pele e osso
7. *par la peau des dents* - dificilmente, por pouco
8. *peau d'âne* - pergaminho, diploma
9. *Peau de balle!/Peau de zébie!* - Nada feito!/Uma ova!
10. *vendre la peau de l'ours* - dispor de uma coisa que não se possui
11. *faire peau neuve* - mudar completamente de vida, transformar-se
12. *risquer sa peau* - arriscar a vida
13. *vendre cher sa peau* - defender-se com unhas e dentes
14. *peau d'orange* - celulite
15. *se faire trouer la peau* - ser ferido ou morto por balas
16. *se mettre dans la peau de quelqu'un* - imaginar-se no lugar de alguém
17. *il mourra dans sa peau* - não tem emenda, não se corrige
18. *avoir la peau de quelqu'un* - vencer alguém
19. *avoir la peau dure* - ser muito resistente
20. *coûter la peau du cul, des fesses* - custar muito caro
21. *crever dans sa peau* - ter muita raiva
22. *la peau lui démange* - ele procura briga
23. *ne pas durer, ne pas tenir dans sa peau* - ser muito orgulhoso

24. *peau d' hareng* - injúria
25. *peau de banane* - processo desleal
26. *peau de chagrin* - coisa que diminui sem cessar
27. *peau de vache* - pessoa muito má
28. *vieille peau* - pessoa idosa/injúria dirigida a uma mulher

Passemos agora às expressões com os verbos, os substantivos e os adjetivos mais utilizados.

ALLER (ir)

1. *aller à Canossa* - submeter-se, humilhar-se na derrota
(*Canossa é uma cidade da Itália. Em 1077, o imperador Henrique IV, excomungado, humilhou-se diante do Papa Gregório VII.*)
2. *aller à la queue* - ir ao final da fila
3. *aller à la selle* - ir defecar
4. *aller à sa perte* - ir para sua perdição
5. *aller à vau-l' eau* - ir água abaixo, fracassar
6. *aller au charbon* - ir trabalhar a contragosto
7. *aller au devant de...* - ir ao encontro de...
8. *aller au diable (vauvert)* - ir aonde o diabo perdeu as botas
9. *aller au plus pressé* - dar prioridade ao mais urgente
10. *aller aux urnes* - votar
11. *aller bon (grand) train* - ir muito rápido
12. *aller comme sur des roulettes* - andar, acontecer, sem problemas, sem obstáculos
13. *aller comme un gant* - cair como uma luva
14. *allez coucher!* - vá deitar! (cachorro)
15. *aller dans le décor* - sair da estrada (com o carro = acidente)
16. *aller dans le sens de qqn* - concordar com alguém
17. *aller de l'avant* - ir em frente, com ousadia
18. *aller de droit chemin* - levar uma vida honesta
19. *aller de mal en pis* - ir de mal a pior
20. *aller de pair avec...* - ir de par; combinar, acompanhar, adequar-se
21. *aller de travers* - estar tudo errado, tudo funcionar mal
22. *aller droit au but, droit au fait* - ir direto ao assunto
23. *aller droit au cœur* - tocar o coração

24. *aller loin* – ir longe, conseguir, vencer
25. *aller où le roi ne va qu'à pied* – ir ao banheiro
26. *aller se faire lanlaire* – ir ver se alguém está na esquina
27. *aller se faire pendre ailleurs* – ir para o raio que o parta (receber um castigo)
28. *aller son bonhomme de chemin* – tocar em frente
29. *aller son chemin/aller son train* – seguir em frente, prosseguir no seu caminho
30. *aller sur les brisées de quelqu'un* – rivalizar, fazer concorrência a alguém
31. *aller sur les traces de quelqu'un* – imitar, ter as mesmas capacidades, ir pelo mesmo caminho
32. *aller sur ses x... ans* – aproximar-se dos seus x... anos de idade
33. *aller tout seul* – funcionar sem problemas
34. *aller trop loin* – ir longe demais, exagerar
35. *aller un peu vite (en besogne)* – ir depressa demais, queimar as etapas
36. *au pis aller* – na pior das hipóteses
37. *à tout va* – com toda velocidade
38. *n'aller que d'une roue* – perder a força que tinha
39. *ne pas y aller avec le dos de la cuillère/ne pas y aller de main morte* – exagerar, abusar, agir com brutalidade
40. *ne pas y aller par quatre chemins* – ir direto ao assunto, sem rodeios
41. *va comme je te pousse* – de qualquer maneira
42. *va pour!* – expressão que expressa aceitação
43. *s'en aller* – ir embora
44. *s'en aller de la caisse* – ser tuberculoso
45. *s'en aller en brioche/s'en aller en eau de boudin* – esfarelar-se, fracassar
46. *s'en aller en fumée* – desaparecer como fumaça
47. *s'en aller les pieds devant* – ir para a cidade dos pés juntos, morrer
48. *se laisser aller à/laisser tout aller* – relaxar-se, largar-se, abandonar-se, desencorajar-se
49. *se laisser aller aux prières* – ceder às súplicas
50. *y aller de bon cœur* – ir a fundo, agir energicamente
51. *y aller de sa chanson* – cantar, contar mais uma vez a mesma história (fig.)
52. *y aller gaiement* – ir a fundo, sem hesitar
53. *y aller (un peu) fort* – exagerar, ir longe demais
54. *ça va, ça vient* – com altos e baixos
55. *cela va de soi/cela va sans dire* – é óbvio, é claro
56. *il n'en va pas de même de...* – é bem diferente, não é a mesma coisa com...
57. *il y va de... (notre vie, notre honneur, etc.)* – o que está em jogo é...

58. *"allez-y!"* - vamos lá!
59. *"à Dieu vat!"* - a sorte está lançada, que Deus nos ajude!
60. *"allons donc!"* - o que é isso? (marca a incredulidade, a dúvida)
61. *"ça va mal pour son matricule"* - ele vai se dar mal
62. *"ça va pas la tête!"* - você não está bom da cabeça!/ cê tá louco!/ que exagero!
63. *"comme vous y allez!"/"comme tu y vas!"* - que exagero!
64. *"et allez donc!"* - era só o que faltava!
65. *"va savoir"* - será?/ quem sabe!/ adivinhe!
66. *"va te faire cuire un oeuf!"/"va te faire voir (chez le Grecs)"* - vá se catar!
67. *"va te promener!"* - vai passear!
68. *"va voir là-bas si j'y suis"* - vai ver se estou na esquina!
69. *"vas-y mou!"/allez-y doucement* - vai com calma! /faça isso com cautela!
70. *vas-y pendant que tu y es* - já que está, agora vá até o fim
71. *"va au diable!"* - "vá para o diabo que o carregue!"
72. *aller et retour* - ida e volta

Donner (dar)

1. *avoir déjà donné* - não ter a intenção de recomeçar
2. *donner à entendre* - deixar supor
3. *donner à penser* - sugerir
4. *donner barre* - renunciar
5. *donner dans la machette* - ser homossexual
6. *donner dans le panneau, le piège* - deixar-se enganar, cair na esparrela
7. *donner dans le sens de quelqu'un* - aprová-lo
8. *donner dans/les yeux* - suscitar a admiração de alguém, agradar, cair no gosto
9. *donner de la bande* - inclinar para um lado, regredir
10. *donner des baies, des cassades* - enganar
11. *donner et retenir ne vaut* - não se deve pegar de volta o que se deu
12. *donner l'éveil* - tornar atento
13. *donner la comédie* - fazer rir de você
14. *donner le branle* - pôr em movimento
15. *donner le change* - tomar uma coisa pela outra
16. *donner le feu vert* - autorizar
17. *donner le la* - dar o tom, criar a moda
18. *donner le mot* - avisar

19. *donner les mains* - consentir
20. *donner lieu à* - fornecer a ocasião de
21. *donner son reste* - dirigir repreensão, censuras
22. *donner sur les doigts* - repreender, castigar alguém
23. *donner sur les nerfs* - irritar
24. *donner tête baissée dans* - se precipitar em
25. *en donner à garder quelqu'un* - enganar alguém
26. *en donner à quelqu'un pour son argent* - dar a alguém mais do que lhe é devido
27. *la donner belle/la donner bonne* - enganar, zombar
28. *la façon de donner vaut mieux que ce qu'on donne* - a atenção e o gesto têm mais importância que o valor do presente
29. *la plus belle femme, fille du monde ne peut donner que ce qu'elle a* - não é possível fazer mais do que foi feito
30. *le donner en cent, en mille* - desafiar a adivinhar
31. *ne pas savoir ou donner de la tête* - não saber como enfrentar as diversas obrigações, estar muito ocupado
32. *ne rien donner* - não dar em nada, não ter nenhum resultado
33. *donnant donnant* - toma-lá-dá-cá
34. *s'en donner* - levar uma vida alegre
35. *se donner de l'air* - ir embora
36. *se donner la peine de* - obrigar-se a
37. *se donner le mot* - dar a palavra, combinar-se
38. *il a été donné* - ele foi denunciado
39. *donner des gages de* - garantir, dar provas de
40. *donner assurance de* - afirmar, afiançar
41. *donner jour à* - encaminhar para um bom resultado
42. *donner la mort* - causar a morte, matar
43. *donner du fil à retordre* - dar o que fazer, dar trabalho, cansaço
44. *en donner de toutes les couleurs* - fazer acreditar em muitas coisas absurdas
45. *donner du nez en terre/à terre* - cair ou dar com os burros na água
46. *se donner du bon temps* - dar-se à boa vida
47. *s'en donner à cœur joie/s'en donner tout son soûl* - divertir-se muito, a valer
48. *se donner la peine de* - dar-se ao trabalho, ter o incômodo de
49. *se donner garde* - abster-se
50. *donner dans un défaut* - entregar-se a um vício
51. *se donner des airs* - bancar o importante

52. *donner le jour à* - dar à luz
53. *à un moment donné* - de repente
54. *c'est donné!* - não é caro!
55. *qu'est-ce qu'on donne aujourd'hui au cinéma?* - o que está levando hoje no cinema?
56. *donner congé* - despedir, mandar embora
57. *donner une volée de bois vert* - dar uma surra
58. *donner un coup de canif dans le contrat* - enganar, ser infiel ao cônjuge, pular a cerca
59. *je vous donne (fiche) mon billet que* – garanto que...
60. *on lui donnerait le bon Dieu sans confession* - diz-se de uma pessoa que inspira confiança
61. *donner prise à* - dar ensejo, dar oportunidade, expor-se

FAIRE (fazer)

1. *avoir fort à faire* - ter muito o que fazer
2. *c'est une affaire faite* - é um negócio garantido
3. *cela ne fait rien à l'affaire* - não tem nada a ver com isso, com o negócio, a situação
4. *en faire une jaunisse* - ficar com raiva
5. *en faire une maladie* - ficar com raiva
6. *en faire voir à quelqu'un* - aborrecer, fazer sofrer
7. *faire (grand) cas de...* - levar em consideração
8. *faire (ne pas faire) le poids* - estar (ou não) à altura de...
9. *faire (quelqu'un) juge (je vous fais juge)* - você está de prova
10. *faire (se faire) de l'argent* - ganhar dinheiro
11. *faire (toute) la lumière sur quelque chose* - esclarecer um assunto
12. *faire acte de présence* - fazer ato de presença
13. *faire amende honorable* - admitir sua culpa
14. *faire appel à...* - apelar a...
15. *faire avec (fam.)* - conformar-se com...
16. *faire bande à part* - não se misturar, ficar (ou agir) sozinho
17. *faire banquette (tapisserie)* - tomar chá de cadeira
18. *faire bien les choses* - fazer tudo perfeito
19. *faire bien avec* - ir bem com
20. *faire bloc* - unir-se
21. *faire bon vivre quelque part* - viver agradavelmente em
22. *faire bonne figure* - fazer boa figura
23. *faire bonne mesure* - estar na medida exata

24. *faire bouillir la marmite* - sustentar a casa
25. *faire boule de neige* - ir como uma bola de neve
26. *faire carrière* - fazer carreira
27. *faire cause commune avec* - juntar-se com... (numa causa), aderir à ação de...
28. *faire cavalier seul* - agir sozinho
29. *faire chambre à part* - dormir em quarto separado
30. *faire chanter quelqu'un* - chantagear
31. *faire choux blanc* - fracassar
32. *faire comme chez soi* - ficar à vontade
33. *faire commerce de son corps* - prostituir-se
34. *faire connaissance de...* - conhecer alguém
35. *faire contre mauvaise fortune bon cœur* - fingir a aceitação de uma adversidade, fazer das tripas coração
36. *faire couler beaucoup d'encre* - dar muito o que falar
37. *faire coup double* = *faire d'une pierre deux coups* - matar dois coelhos com uma cajadada só
38. *faire crédit* - dar crédito
39. *faire cul sec* - esvaziar o copo de uma só vez
40. *faire de même* - fazer a mesma coisa
41. *faire de l'effet* - causar sensação
42. *faire de l'épate, de l'esbroufe* - esnobar, ostentar-se, fazer farol (aqui visando o efeito)
43. *faire de l'esprit* - fazer graça, humor
44. *faire de l'essence* - encher o tanque, comprar gasolina
45. *faire de l'or* - ganhar muito dinheiro
46. *faire de l'usage* - resistir ao uso
47. *faire de la lèche à quelqu'un* - puxar o saco
48. *faire de la musique* - tocar música
49. *faire de la peine à...* - magoar
50. *faire défaut* - fazer falta, faltar
51. *faire des affaires* - fazer negócio
52. *faire des études (faire médecine, lettres, droit)* - fazer estudos superiores
53. *faire des frais* - gastar dinheiro
54. *faire des gammes* - exercitar-se para melhorar
55. *faire des histoires* - criar problemas
56. *faire des manières* - ter frescura, fazer-se de rogado, custar a aceitar
57. *faire des messes basses* - segredar, cochichar

58. *faire des petits* - ter filhotes, multiplicar
59. *faire des pieds et des mains pour...* - fazer tudo que for possível, brigar com unhas e dentes
60. *faire des siennes* - fazer das suas, fazer loucuras ou tolices
61. *faire diligence* - apressar-se
62. *faire diversion* - desviar a atenção
63. *faire double emploi* - ficar à vontade
64. *faire du bien (grand bien lui fasse)* - fazer bem (faça bom proveito)
65. *faire du charme* - fazer charme
66. *faire du cinéma, tout un cinéma* - fazer cena
67. *faire du genou, du pied, de l'oeil* - paquerar (com joelho, pé, piscar)
68. *faire du profit* - lucrar
69. *faire du sport (du foot, du tennis, de la voile etc.)* - praticar esportes (futebol, tênis, vela)
70. *faire du vent* - ventar
71. *faire du ... à l'heure* - andar a ... quilômetros por hora
72. *faire d'une pierre deux coups* - matar dois coelhos com uma cajadada só
73. *faire du zèle* - cuidar exageradamente
74. *faire durer le plaisir* - fazer durar o prazer
75. *faire échec à...* - provocar o fracasso de...
76. *faire école* - fazer escola
77. *faire en sorte de* - fazer com que, proceder de modo que
78. *faire erreur* - enganar-se
79. *faire état de...* - mencionar
80. *faire face (faire front)* - enfrentar
81. *faire faire* - mandar fazer
82. *faire fausse route* - enganar-se
83. *faire faux bond* - dar bolo, dar o cano em alguém, faltar a um compromisso
84. *faire froid dans le dos* - dar medo
85. *faire fureur* - causar sensação, fazer furor (sucesso)
86. *faire gaffe* - ter cuidado
87. *faire grâce à quelqu'un de quelque chose* - poupar alguém de alguma coisa
88. *faire grand bruit* - ter grande repercussão
89. *faire grise mine* - fazer cara feia
90. *faire honneur à...* - honrar
91. *faire l'affaire* - servir, ser suficiente, dar
92. *faire l' amour ("faites l' amour, pas la guerre")* - fazer amor

93. *faire l'article* - fazer propaganda
94. *faire l'éloge de...* - elogiar
95. *faire l'imbécile (= faire la bête), l'ânc* bancar o bobo
96. *faire la bombe, la foire, la noce, la bringue, la fête, la vie* - fazer a festa
97. *faire la causette* - bater papo
98. *faire la chaine* - fazer com que uma coisa passe de mão em mão
99. *faire la cour* - cortejar
100. *faire la courte échelle à quelqu'un* - ajudar alguém a subir
101. *faire la cuisine, le lavage, le repassage, les lits, les chambres, les vitres, l'argenterie, la vaisselle (= bonne à tout faire)* - cozinhar, lavar roupa, passar, arrumar as camas e os quartos, lavar vidros, talheres (de prata), louça (empregada para todo o serviço)
102. *faire la culbute* - duplicar o investimento, se achar arruinado
103. *faire la fine bouche* - desprezar
104. *faire la grasse matinée* - ficar na cama (de preguiça), levantar-se tarde
105. *faire la grève* - fazer greve
106. *faire la grimace* - fazer careta, manifestar o desgosto
107. *faire la grosse voix* - falar grosso
108. *faire la gueule, la tête* - ficar emburrado
109. *faire la manche* - mendigar
110. *faire la morale à quelqu'un* - ditar regras
111. *faire la navette* - ir e voltar
112. *faire la part des choses* - ser imparcial
113. *faire la pluie et le beau temps* - ser manda-chuva
114. *faire la queue* - fazer fila
115. *faire la roue* - emproar-se
116. *faire la soudure* - terminar o mês dentro de seu orçamento
117. *faire la sourde oreille* - fazer ouvido de mercador, fingir...não ouvir
118. *faire la une des journaux* - ser assunto de manchete de primeira página
119. *faire le beau* - fazer gracinha (de cachorro)
120. *faire le bilan de...* - fazer o balanço
121. *faire le dégouté* - desprezar
122. *faire le désert, le vide* - afastar as pessoas
123. *faire le grand seigneur* - ser generoso ou gastar muito dinheiro ostensivamente
124. *faire le jeu de quelqu'un* - fazer o jogo de alguém
125. *faire le malheur de quelqu'un* - provocar a infelicidade de alguém
126. *faire le mort* - fingir de morto

127. *faire le mur* - fugir de noite do pensionato ou do quartel
128. *faire le plein (= faire de l'essence)* - encher o tanque do carro
129. *faire le plongeon* - ir à falência. Morrer. Evadir-se
130. *faire le point* - avaliar a situação
131. *faire un pied de nez* - fazer fiau, gesto de mofa (com o polegar na ponta do nariz e agitando os outros dedos)
132. *faire un saut* - dar um pulinho
133. *faire un somme* - tirar uma soneca
134. *faire un sort à quelque chose* - acabar com...
135. *faire un tour, une promenade, un voyage (faire l'Europe, l'Afrique, les Champs Elysées; faire les boutiques, les boites de nuit, les hôpitaux, les commissariats, les musées)* - visitar, passear, percorrer
136. *faire une belle jambe* - não adiantar de nada, não servir para nada
137. *faire une croix sur...* - botar uma pedra em cima de
138. *faire une entorse à...* - fazer uma exceção
139. *faire une fleur à quelqu'un* - dar uma vantagem num negócio
140. *faire une folie* - fazer uma loucura
141. *faire une montagne de quelque chose* - exagerar as dificuldades
142. *faire une queue de poisson* - dar uma fechada (de carro)
143. *faire une scène à quelqu'un* - fazer uma cena
144. *faire une touche* - fazer uma conquista amorosa
145. *faire usage de...* - fazer uso de...
146. *faire valoir* - fazer valer
147. *faire vieux, jeune* - parecer velho, jovem
148. *faire vinaigre* - apressar-se
149. *faire voir du pays à quelqu'un* - visitar muitos lugares, viajar bastante, causar muitos problemas a alguém
150. *n'en faire qu'à sa tête* - fazer só o que quer
151. *nes pas être fait pour les chiens* - ter que ser usado
152. *ne faire ni chaud ni froid* - deixar insensível, não fazer nem bem nem mal, ser indiferente
153. *ne faire ni une ni deux* - não hesitar nem um minuto
154. *ne faire que passer* - dar só uma passada, uma visita de médico
155. *ne pas faire de vieux os* - morrer cedo
156. *ne pas faire le détail* - agir de impulso, sem se preocupar com os detalhes
157. *ne pas faire long feu* - não durar muito

158. *ne pas faire un pli* - não haver sombra de dúvida, correr tudo bem, não oferecer dificuldades
159. *ne rien faire de ses dix doigts* - não (saber) fazer nada
160. *se faire du mauvais sang* - preocupar-se
161. *se faire beau* - produzir-se, embelezar-se
162. *se faire de la bile, du mouron, s'en faire/se faire des cheveux* - preocupar-se
163. *se faire des idées* - imaginar coisas (erradamente)
164. *se faire du souci* - preocupar-se
165. *se faire justice* - fazer-se injustiça
166. *se faire la main* - treinar-se, exercitar
167. *se faire la malle, la valise (se faire la paire)* - fugir
168. *se faire porter pâle* - pedir atestado para faltar (a uma tarefa)
169. *se faire quelqu'un (populaire)* - acabar com alguém
170. *se faire rare* - fazer-se raro
171. *se faire sauter le caisson* - suicidar-se (com arma de fogo)
172. *se faire tirer les oreilles* - levar um puxão de orelha, uma bronca
173. *se faire tirer l'oreille* - fazer-se de humilde
174. *se faire tondre la laine sur le dos* - ser arruinado por alguém
175. *se faire tout petit* - fazer-se de humilde
176. *se faire trouer la peau* - levar um tiro mortal
177. *se faire un nom* - fazer nome
178. *se faire une raison* - acomodar-se
179. *se faire une règle de...* - ter por princípio de...
180. *se faire vieux* - envelhecer
181. *se faire violence* - violentar-se
182. *pour ce faire* - para isso, com esse objetivo

Se *faire* + infinitivo: a ação pode ser involuntária. Ocorre quando ela for desagradável para o sujeito:

183. *se faire voler son sac* - ser roubado
184. *se faire renverser par une voiture* - ser atropelado
185. *se faire tuer à la guerre* - ser morto na guerra
186. *se faire mettre à la porte* - ser demitido, despedido
187. *se faire à* - habituar-se a
188. *s'en faire* - preocupar-se

189. *se faire arrêter par la police* - ser preso

No entanto, a ação voluntária também pode ser desagradável:

190. *se faire arracher une dent* - arrancar um dente
191. *se faire hospitaliser* - hospitalizar-se

Outras ações voluntárias:

192. *se faire couper les cheveux* - cortar o cabelo
193. *se faire embaucher dans une entreprise* - empregar-se
194. *se faire inviter à une soirée* - conseguir um convite
195. *se faire tirer les cartes* - mandar botar as cartas
196. *se faire faire les ongles, les mains, les pieds, une robe, un costume, des cartes de visite etc.* - mandar fazer unhas, mãos, pés, um vestido, um terno, cartões etc.
197. *il fait jour, nuit, noir, clair, beau, chaud, doux, bon, froid, gris, mauvais* - é dia, é noite, o tempo está claro, bom, quente, suave, frio, cinzento, ruim
198. *il fait soif, faim (familiers)* - estar com sede, fome
199. *il faut le faire!* - que coisa!
200. *il faut se le faire!* - tem que aguentá-lo!
201. *il ne faut pas me la faire!* - não nasci ontem!
202. *il faut s'y faire* - tem que se acostumar
203. *savoir y faire (le savoir-faire)* - ter jeito (o jeito)
204. *ça fait bien (dans le tableau), ça fait riche, pauvre* - parece bonito/rico/pobre
205. *ça commence à bien faire!* - já está demais!
206. *ça fait combien? il me l'a fait à 100 euros* - quanto dá? /ele me fez por cem euros
207. *ça me ferait mal!! (au ventre)* - não acredito!
208. *ce n'est ni fait, ni à faire* - é muito malfeito.
209. *faites donc! Je n'en ferai rien* - por favor, faça!/ você primeiro.
210. *tu ferais bien de... vous feriez mieux de...* - seria melhor...
211. *rien à faire! (pas question)* - ah, isso não! /nada disso!
212. *qu'est-ce que j'ai fait de mes lunettes?* - onde deixei meus óculos?
213. *être fait (comme un rat) = être perdu, cuit, pris* - estar frito
214. *vite fait, mal fait* - a pressa é inimiga da perfeição
215. *faire et dire sont deux* - uma coisa é dizer, outra é fazer

216. *il est bon de faire les enfants à la fatique* - faz bem acostumar as crianças à fadiga
217. *je ne saurais m'y faire* - não consigo me habituar, acostumar
218. *on me la fait pas* - eu não sou bobo/não me deixo enganar
219. *pour quoi faire?* - para quê?
220. *ce faisant* - fazendo isso
221. *c'en est fait* - acabou-se
222. *qu'est-ce que cela vous fait?* - que lhe importa? /o que você tem a ver com isso?
223. *cela ne me fait rien* - não me importa
224. *je ne saurais m'y faire* - não consigo me habituar, me acostumar
225. *on ne me la fait pas* - eu não sou bobo, não me deixo enganar
226. *pour quoi fare?* - para quê?
227. *faire le pont* - emendar (os feriados)
228. *faire le tour du cadran* - dormir 12 horas
229. *faire le trottoir* - oferecer-se pelas ruas (prostitutas)
230. *faire les cent pas* - andar de um lado para o outro
231. *faire les cent coups* - empregar todos os meios
232. *faire les chiens écrasés* - redigir notícias sem importância (num jornal)
233. *faire les courses, le marché* - ir às compras
234. *faire les frais de la conversation* - ser o assunto da conversa
235. *faire les gros yeux à quelqu'un* - mostrar-se severo
236. *faire les honneurs de la maison* - fazer as honras da casa
237. *faire les poches à quelqu'un* - revistar os bolsos (e ficar com o dinheiro)
238. *faire les poubelles* - revistar o lixo
239. *faire les quatre volontés de quelqu'un* - fazer tudo o que alguém deseja
240. *faire les quatre cents coups* - levar uma vida desregrada, pintar o sete
241. *faire les yeux doux à quelqu'un* - lançar olhares amorosos
242. *faire machine arrière* - recuar, fazer marcha a ré
243. *faire maigre* - abster-se de carne
244. *faire main basse sur...* - roubar, empossar-se de...
245. *faire mal (au cœur, au ventre, aux seins)* - irritar
246. *faire merveille* - fazer maravilhas
247. *faire mine de* - fingir
248. *faire mouche* - acertar no alvo
249. *faire office de...* - fazer as vezes de...
250. *faire part de quelque chose à quelqu'un* - participar alguém de alguma coisa, comunicar

251. *faire passer (perdre) le goût du pain* - matar
252. *faire passer un mauvais quart d'heure à quelqu'un* - fazer passar um mau momento
253. *faire patte de velours* - esconder sua força atrás de uma atitude meiga
254. *faire peau neuve* - mudar de aparência
255. *faire pitié* - dar pena
256. *faire place nette* - deixar livre um lugar
257. *faire plaisir à quelqu'un* - agradar
258. *faire à quelqu'un le plaisir de (+ inf.)* - fazer favor de... + inf. (dando uma ordem)
259. *faire preuve de...* - demonstrar, dar prova de...
260. *faire rage* - estar no auge da ação (forças da natureza, guerra)
261. *faire recette* - fazer sucesso
262. *faire ripaille* - comer muito e bem
263. *faire savoir* - anunciar, mandar dizer, tornar público
264. *faire la tête* - fechar a cara
265. *faire semblant* - fingir
266. *faire ses classes* - começar a se instruir (militar, profissional)
267. *faire ses débuts = faire ses premières armes* - iniciar-se
268. *faire ses preuves* - demonstrar sua capacidade
269. *faire ses prières* - rezar
270. *faire signe à quelqu'un* - acenar
271. *faire son affaire à quelqu'un* - castigar, vencer ou matar
272. *faire son affaire de quelque chose* - encarregar-se de..., responsabilizar-se por alguma coisa
273. *faire son chemin* - vencer na vida, obter uma boa situação
274. *faire son deuil de quelque chose* - conformar-se com a perda de alguma coisa
275. *faire son entrée* - chegar (sem discrição)
276. *faire son mea culpa* - reconhecer sua culpa
277. *faire son trou* - obter um lugar ao sol
278. *faire souche* - constituir família num novo país
279. *faire suer le burnous* - explorar os trabalhadores magrebinos
280. *faire suer quelqu'un* - aborrecer, encher o saco
281. *faire suite à...* - seguir, vir depois
282. *faire table rase de quelque chose* - rejeitar ideias ou condutas até então admitidas
283. *faire tache d'huile* - propagar-se insidiosamente (lenta e continuamente)
284. *faire tort à quelqu'un* - prejudicar alguém
285. *faire tourner la tête de quelqu'un* - deixar tonto ou enlouquecido

286. *faire trempette* - tomar banho (de mar, de rio)
287. *faire un bail (ça fait um bail!)* - fazer muito tempo
288. *faire un bout de conduite à quelqu'un* - acompanhar alguém por algum tempo
289. *faire un carton* - acertar no alvo, ter sucesso total
290. *faire un dessin* - dar detalhes, precisões
291. *faire un éclat* - fazer escândalo
292. *faire un effort* - fazer esforço
293. *faire un enfant dans les dos à quelqu'un* - tapear
294. *faire un exemple* - castigar para descontrair
295. *faire un four* - fracassar, não ter nenhum sucesso (no teatro)
296. *faire un malheur* - fazer um escândalo, fazer um sucesso enorme

METTRE (pôr)

1. *en mettre plein la vue à quelqu'un* - deslumbrar alguém, encher a vista de alguém
2. *en mettre sa main au feu* - pôr a mão no fogo, garantir
3. *mettre un coup, un rayon* - fazer um esforço árduo
4. *mettre (de l' argent) à gauche, de côté* - guardar dinheiro, poupar
5. *mettre (un travail) en train* - iniciar (um trabalho)
6. *mettre (quelqu'un) à contribution* - recorrer a alguém
7. *mettre à côté de la plaque* - errar o alvo, enganar-se
8. *mettre à feu et à sang* - devastar, saquear (um país, uma cidade)
9. *mettre à flot* - desencalhar
10. *mettre à l'écart* - descartar
11. *mettre à l'épreuve = mettre à l'essai* - submeter a uma prova
12. *mettre à l'index* - excluir
13. *mettre à la porte* - despedir, botar no olho da rua
14. *mettre à jour* - pôr em ordem, atualizar
15. *mettre à mort* - matar (touro)
16. *mettre à pied* - demitir
17. *mettre à profit* - aproveitar
18. *mettre à quelqu'un le pied à l'étrier* - ajudar alguém no início da sua carreira
19. *mettre à sac* - saquear
20. *mettre au clair, au net* - tirar a limpo, pôr em pratos limpos
21. *mettre au clou* - pôr no prego
22. *mettre au défit de...* - desafiar de... (+ infin.)

23. *mettre au (grand) jour* - fazer aparecer, tornar visível
24. *mettre au monde* - dar à luz
25. *mettre au panier* - jogar (papéis, documentos) na lixeira
26. *mettre au pas, à la raison* - obrigar a obedecer, a submeter-se
27. *mettre au pied du mur* - encostar contra a parede
28. *mettre au point* - regular, aperfeiçoar
29. *mettre au propre* - passar a limpo
30. *mettre au rancart* - deixar de lado, deixar num canto
31. *mettre au tapis* - derrubar alguém, jogar no chão
32. *mettre bas* - parir (animais)
33. *mettre bon ordre à (une situation)* - pôr em boa ordem, regularizar
34. *mettre dans la balance* - comparar, examinar os prós e os contras
35. *mettre dans la confidence* - fazer participar de um segredo
36. *mettre dans le bain* - envolver alguém num caso sujo
37. *mettre dans le même sac* - colocar no mesmo saco, não fazer distinção
38. *mettre dans le mille* - acertar o alvo, acertar em cheio
39. *mettre de côté* - pôr de lado
40. *mettre de l'eau dans son vin* - pôr água na fervura, tornar-se mais brando
41. *mettre de l'huile sur le feu* - pôr lenha na fogueira
42. *la mettre en veilleuse* - calar-se
43. *mettre debout* - organizar, montar
44. *mettre dedans* - enganar
45. *mettre dehors* - jogar fora
46. *mettre des bâtons dans les roues* - criar obstáculos, travar
47. *mettre devant le fait accompli* - botar diante de um fato consumado
48. *mettre du beurre dans les épinards* - dar um lucro extra
49. *mettre en avant* - alegar
50. *mettre en bière* - pôr no caixão
51. *mettre en boite* - debochar
52. *mettre en branle* - dar um impulso, pôr em movimento
53. *mettre en cause* - envolver, considerar como responsável
54. *mettre en chantier* - iniciar um trabalho
55. *mettre en confiance* - mostrar-se confiável
56. *mettre en coupe réglée* - exaurir os recursos de alguém, impor sacrifícios
57. *mettre en danger* - pôr em perigo
58. *mettre en demeure* - intimar alguém

59. *mettre en doute* - pôr em dúvida
60. *mettre en échec* - colocar em situação crítica, dominar
61. *mettre en évidence* - pôr em evidência, pôr em jogo
62. *mettre en garde* - avisar
63. *mettre en jeu* - pôr em jogo
64. *mettre en joue* - apontar uma arma para alguém
65. *mettre en lumière, en évidence* - pôr à luz, ressaltar
66. *mettre en œuvre* - começar um trabalho, uma obra, uma ação
67. *mettre en pièces* - despedaçar, fazer em pedaços
68. *mettre en pratique* - pôr em prática
69. *mettre en quarantaine* - pôr de quarentena, manter afastado, pôr de molho
70. *mettre en question* - questionar
71. *mettre en relief* - pôr em relevo, ressaltar, encenar
72. *mettre en scène* - encenar
73. *mettre en service* - pôr para funcionar
74. *mettre en valeur* - valorizar
75. *mettre en vente* - pôr à venda
76. *mettre en vigueur* - pôr em vigor
77. *mettre fin à ses jours* - suicidar-se
78. *mettre hors de ses gonds* - enfurecer alguém
79. *mettre l'accent sur...* - acentuar, pôr em realce
80. *mettre à quelqu'un épée dans les reins* - aperrear, esfalfar alguém sem descanso
81. *mettre (en) la main au feu* - pôr a mão no fogo, garantir
82. *mettre la main à la pâte* - pôr as mãos na massa, arregaçar as mangas
83. *mettre la dernière main à...* - dar a última mão, os últimos retoques em...
84. *mettre la charrue avant les boeufs* - pôr a carroça diante dos bois
85. *mettre la clé sous la porte* - sumir de vista, desaparecer
86. *mettre la puce à l'oreille* - deixar alguém com a pulga atrás da orelha
87. *mettre le cap sur...* - tomar o rumo de..., tomar a direção de...
88. *mettre le couteau sous la gorge* - pôr a faca no peito de alguém
89. *mettre le doigt dans l' engrenage* - se engajar num processo irreversível/entrar no olho do furacão
90. *mettre le doigt dans la plaie* - pôr o dedo na ferida
91. *mettre le doigt entre l'arbre et l'écorce* - ficar entre a cruz e a caldeirinha
92. *mettre le feu aux poudres* - atear fogo no barril de pólvora
93. *mettre le grappin sur...* - agarrar, pôr a mão em...
94. *mettre le holà à (quelque chose)* - pôr um paradeiro, pôr ordem em alguma coisa

95. *mettre le nez à la fenêtre* - olhar pela janela
96. *mettre le nez dehors* - sair, pôr o nariz do lado de fora
97. *mettre le paquet* - fazer o máximo para obter uma coisa
98. *mettre le pied au plancher* - acelerar, andar rápido de carro, pé embaixo
99. *mettre les bouchées doubles* - trabalhar dobrado e apressar-se
100. *mettre les bouts (arg.)* - fugir, mandar-se
101. *mettre les petits plats dans les grands* - receber formalmente, com esmero, para impressionar
102. *mettre les pieds dans le plat* - dar um fora, meter os pés pelas mãos
103. *mettre les pieds dans..., chez...* - pôr os pés em... (mais frequentemente na forma negativa)
104. *mettre les points sur les i* - pôr os pingos nos is
105. *mettre les pouces* - entregar os pontos, ceder
106. *mettre les rieurs de son côté* - pôr alguém em ridículo
107. *mettre les voiles* - sumir de vista, tomar rumo, bater asas
108. *mettre quelqu'un dedans* - tapear, passar alguém para trás
109. *mettre mal a l'aise* - deixar alguém sem graça
110. *mettre quelque chose dans la tête de quelqu'un* - fazer a cabeça
111. *mettre quelque chose à la portée de quelqu'un* - fazer alguém compreender
112. *mettre quelque chose en sommeil* - pôr de lado durante um certo tempo
113. *mettre quelqu'un au courant, au fait* - pôr alguém a par de
114. *mettre quelqu'un à l'aise* - deixar alguém à vontade
115. *mettre quelqu'un à l'amende* - dar uma punição leve
116. *mettre quelqu'un à toutes les sauces* - pau para toda obra, empregar para todo tipo de serviço
117. *mettre quelqu'un dans sa poche* - pôr alguém do seu lado (enganando-o)
118. *mettre quelqu'un plus bas que terre* - arrasar alguém com injúrias
119. *mettre quelqu'un sur la paille* - arruinar alguém
120. *mettre quelqu'un sur la sellette* - pôr alguém na berlinda
121. *mettre quelqu'un sur la touche* - pôr de lado
122. *mettre quelqu'un sur ses gardes* - prevenir
123. *mettre sa tête à couper que...* - ter certeza de que..., pôr a mão no fogo
124. *mettre son grain de sel* - meter-se numa conversa, meter a colher de pau, dar um palpite
125. *mettre son nez dans...* - pôr o nariz (sem ser convidado)
126. *mettre son point d'honneur à...* - considerar como questão de honra de...
127. *mettre sous clef* - guardar debaixo de chave

128. *mettre sous les verrous* - pôr na cadeia
129. *mettre sous presse* - imprimir
130. *mettre sur la voie* - ajudar a encontrar uma resposta
131. *mettre sur le dos de* - responsabilizar
132. *mettre sur le tapis* - botar um assunto em discussão
133. *mettre sur le compte de quelqu'un* - pôr a culpa em alguém, atribuir alguma coisa a alguém
134. *mettre sur les rails* - colocar em boa condição de funcionamento
135. *mettre sur pied* - organizar, deixar pronta alguma coisa
136. *mettre tous les atouts dans son jeu* - pôr todos os trunfos no seu jogo
137. *mettre tous ses oeufs dans le même panier* - ficar na dependência de uma coisa só
138. *mettre toute la gomme* - acelerar o máximo
139. *mettre toutes voiles dehors* - empregar todos os recursos para alcançar algum objetivo
140. *mettre un bémol* - abaixar o tom, tornar-se menos agressivo, menos arrogante
141. *mettre un point final à..., mettre un terme à...* - pôr fim a...
142. *mettre un tigre dans son moteur* - tornar-se mais potente, mais agressivo
143. *s'en mettre plein la lampe* - comer muito
144. *se mettre à l'aise* - pôr-se à vontade
145. *se mettre à la place de quelqu'un* - pôr-se no lugar de alguém
146. *se mettre à table (argot)* - confessar (à polícia), dar com a língua nos dentes
147. *se mettre au diapason = dans le ton* - igualar-se ao tom, ao jeito de uma pessoa ou grupo
148. *se mettre au lit, au plumard* - deitar-se
149. *se mettre au vert* - ir morar no campo
150. *se mettre dans de beaux (sales) draps* - envolver-se numa situação ruim, meter-se em maus lençóis
151. *se mettre dans l'idée, la tête, l'esprit...* - pôr-se na cabeça, teimar
152. *se mettre dans la gueule du loup* - expôr-se a um perigo de livre vontade
153. *se mettre dans la peau de quelqu'un* - pôr-se no lugar de...
154. *se mettre dans le pétrin* - pôr-se num atoleiro, na pior, em apuros
155. *se mettre dans ses meubles* - instalar-se em casa com seus (próprios) móveis
156. *se mettre de la partie* - associar-se, juntar-se a..., entrar no meio
157. *se mettre du côté du manche* - pôr-se do lado do mais forte
158. *se mettre en appétit* - abrir o apetite
159. *se mettre en avant* - gostar de ostentação
160. *se mettre en boule, en colère* - ficar com raiva

161. *se mettre en campagne* - partir à busca de alguém ou de alguma coisa
162. *se mettre en chasse* - começar a procurar
163. *se mettre en cheville avec quelqu'un* - associar-se a alguém
164. *se mettre en devoir de...* - abrigar-se a...
165. *se mettre en frais* - gastar mais do que de costume, fazer muitos esforços
166. *se mettre en ménage avec...* - passar a viver com alguém (como casados)
167. *se mettre en peine* - ficar preocupado
168. *se mettre en quatre* - fazer das tripas coração, recorrer a todos os meios para...
169. *se mettre en quête* - ir à busca de...
170. *se mettre en tête de...* - enfiar na cabeça de...
171. *se mettre en tort, dans son tort* - colocar-se em situação errada, irregular, ilegal
172. *se mettre la ceinture* - apertar o cinto, privar-se de...
173. *se mettre la corde au cou* - casar-se
174. *se mettre la tête à l'envers* - não saber mais o que fazer, estar com a cabeça virada
175. *se mettre le doigt dans l'oeil* - enganar-se
176. *se mettre martel en tête* - preocupar-se
177. *se mettre quelque chose sur le dos* - vestir-se
178. *se mettre quelqu'un à dos* - tornar alguém inimigo
179. *se mettre sur les rangs* - entrar em competição
180. *se mettre sur son trente-et-un* - vestir suas roupas mais belas, com apuro
181. *y mettre du sien* - fazer concessões, mostrar boa vontade
182. *y mettre le prix* - pagar caro (para ter uma coisa boa)
183. *s'y mettre* - começar

Faz-se necessário, agora, abordarmos as expressões que possuem a palavra *mise*, que vem do verbo *mettre*, que acabamos de ver.

La mise (a colocação)

1. *la mise à pied* - suspensão (do emprego, dos vencimentos)
2. *la mise à prix* - preço inicial
3. *la mise au point* - retificação, explicação, atualização, nota oficial, desmentido
4. *la mise en demeure* - intimação
5. *la mise en scène* - encenação
6. *la mise en pages* - paginação
7. *la mise en train* - preparação, ação de dar ou imprimir atividade a alguma coisa

8. *la mise en jeu* - emprego, uso
9. *la mise bas* - parto dos animais
10. *la mise en possession* - ato de dar posse
11. *la mise en boîte* - gozação
12. *ne pas être de mise* - não ser aceito, não ficar bem
13. *sauver la mise à* - tirar de apuros, livrar de embaraços
14. *la mise à pied* - demissão
15. *la mise en plis* - enrolar os cabelos molhados para lhes dar o aspecto de cacheados depois de secos
16. *la mise en accusation* - no julgamento, decisão pela qual se põe um acusado em julgamento
17. *la mise en cause* - ação de trazer à baila, de envolver uma pessoa num processo
18. *la mise en état de siège* - declaração oficial das medidas tomadas para a defesa de uma cidade, de um país
19. *la mise en œuvre* - emprego, utilização
20. *la mise à la retraite* - ação de aposentar alguém
21. *la mise en valeur* - exploração
22. *la mise hors* - desembolso de dinheiro para uma empresa
23. *la mise en vente* - ação de pôr à venda
24. *monnaie de mise* - dinheiro corrente

Porter (trazer, usar, levar)

1. *porter à la tête* - subir à cabeça, produzir exaltação
2. *porter les armes* - apresentar armas
3. *porter bien son âge* - estar bem conservado para a idade
4. *porter atteinte* - atacar, ir de encontro a
5. *porter bonheur* - anunciar, trazer, causar felicidade
6. *porter chance* - anunciar, trazer, causar sorte, sucesso
7. *porter le chapeau* - atribuir a alguém a responsabilidade de alguma coisa
8. *porter quelqu'un dans son cœur* - gostar de alguém
9. *porter des cornes* - ser traído pela mulher
10. *porter sa croix* - levar sua cruz
11. *porter la culotte* - diz-se de uma mulher que manda em casa
12. *porter quelque chose sur la figure* - mostrar (uma qualidade) pela sua aparência física, seu rosto
13. *porter la guigne, la cerise, la poisse* - trazer infelicidade

14. *porter malheur* - trazer infelicidade
15. *porter sur les nerfs, sur le système* - exasperar
16. *porter quelqu'un ou quelque chose aux nues, au pinacle* - cobrir alguém de elogios, pôr nas nuvens, exaltar
17. *porter ombrage* - fazer sombra, inquietar
18. *porter plainte* - queixar-se
19. *porter ses pénates* - instalar-se em um lugar (Pénates - deuses domésticos romanos protetores da cidade ou do lar)
20. *porter préjudice à quelqu'un* - prejudicar alguém
21. *porter un toast à...* - beber à saúde de...
22. *être porté sur la bagatelle, la chose, la fesse* - interessar-se pelas aventuras galantes
23. *être porté sur la bouteille* - gostar de vinho, de bebida
24. *se porter comme un charme* - estar em boa saúde
25. *se porter garant de quelque chose* - assegurar, garantir, responder por alguém
26. *être porté à* - ser inclinado, levado a
27. *être porté sur* - ter um fraco por
28. *porter sur* - ter como objeto
29. *porter la main sur quelqu'un* - bater em alguém
30. *se porter bien ou mal* - passar bem ou mal de saúde
31. *se porter secours* - auxiliar-se mutuamente
32. *porter le deuil* - estar de luto
33. *porter la parole* - falar em nome de alguém
34. *porter le pet* - queixar-se
35. *porter la robe* - pertencer à magistratura

Passer (passar, cruzar por)

1. *passer à l'acte* - passar à ação
2. *passer à la caisse* - ser demitido
3. *passer à la casserole* - sofrer uma derrota, sofrer abusos sexuais
4. *passer à la postérité* - passar para a posteridade
5. *passer à l'éponge* - perdoar
6. *passer à tabac* - surrar
7. *passer au bleu* - não mencionar, fazer desaparecer
8. *passer au crible* - examinar com cuidado para separar o bom do ruim
9. *passer au peigne fin* - passar o pente fino
10. *passer au travers* - passar de lado, evitar, escapar de boa

11. *passer commande* - encomendar
12. *passer comme une lettre à la poste* - passar sem problema, passar direto
13. *passer d'un extrême à l'autre* - passar de um extremo a outro
14. *passer de fil en aiguille* - passar de alhos para bugalhos
15. *passer de la pommade à quelqu'un* - bajular, puxar o saco, adular
16. *passer de mode* - passar de moda
17. *passer de vie à trépas* - passar desta para melhor
18. *passer devant (monsieur) le maire* - casar
19. *passer du côté de* - decidir-se por, pôr-se do lado de
20. *passer du coq à l'âne* - passar da água para o vinho
21. *passer en revue* - passar em revista, examinar
22. *passer entre les mailles du filet* - passar de lado, sair fora
23. *passer l'arme à gauche* - morrer
24. *passer l' éponge sur quelque chose* - passar a esponja
25. *passer la brosse à reluire* - bajular
26. *passer la main* - desistir, dar seu lugar a outra pessoa, passar o poder para outro
27. *passer la main dans le dos* - bajular
28. *passer la parole à quelqu'un* - passar a palavra a...
29. *passer la rampe* - fazer sucesso no teatro
30. *passer le Rubicon (ou franchir le Rubicon)* - atravessar o Rubicão, tomar uma decisão irrevogável e perigosa (Em 50 a.C., César atravessou o rio Rubicão para marchar contra Pompeia, gritando: *Alea jacta est!* - A sorte está lançada!)
31. *passer le temps à... (+ infinitif)* - passar o tempo (+ gerúndio)
32. *passer les bornes* - passar dos limites
33. *passer maître en quelque chose* - se tornar especialista, mestre em alguma coisa
34. *passer outre à quelque chose* - passar por cima, ir adiante, seguir avante, ir mais longe
35. *passer par les armes* - passar pelas armas, fuzilar
36. *passer par toutes les couleurs* - estar muito emocionado
37. *passer pour..., se faire passer pour...* - passar por, ser tido por
38. *passer quelque chose à l'as* - fazer sumir, escamotear
39. *passer quelque chose par pertes et profits* - considerar perdas e danos, conformar-se em perder uma coisa
40. *passer sa colère sur...* - extravasar sua raiva sobre...
41. *passer son chemin* - seguir seu caminho, não parar
42. *passer son envie* - satisfazer seu desejo
43. *passer son tour* - passar a sua vez
44. *passer sous le bec, le nez de quelqu'un* - passar embaixo do nariz de...

45. *passer sous les fourches caudines* - sofrer, quando vencido, uma condição humilhante (*Forcas Caudinas são desfiladeiros perto da antiga cidade de Caudium, hoje conhecida como Montesarchio, onde o exército romano, perseguido pelo general samnita Pôncio Herênio, rendeu-se aos samnitas que o fazem passar pelo jugo em 321 a.C., daí a expressão.*)
46. *passer sous silence* - esconder a verdade, omitir, não falar de
47. *passer sur le billard* - sofrer uma cirurgia, entrar na faca
48. *passer sur le corps de quelqu'un* - derrubar alguém, pisá-lo
49. *passer sur... (une faute, un défaut)* - aceitar, perdoar um defeito, tolerar
50. *laisser passer quelque chose* - suportar alguma coisa
51. *passer à côté* - não conseguir
52. *passer après quelqu'un* - ser inferior a alguém
53. *passer sur le ventre* - passar por cima de alguém, eliminar alguém
54. *passer un cap* - passar um limite difícil
55. *passer un marché, un contrat, un accord* - passar contrato
56. *passer un mauvais quart d'heure* - passar por um mau quarto de hora
57. *passer un savon à quelqu'un* - passar um sabão em, censurar, repreender
58. *se passer de quelque chose* - renunciar a algo, privar-se, abster-se
59. *avoir passé l'âge* - passar da idade
60. *en passer par...* - ter que aguentar, passar por isso, não poder fazer de outro jeito
61. *il faut que jeunesse se passe* - a juventude deve ser bem aproveitada (devemos perdoar seus exageros)
62. *il passera de l'eau sous les ponts* - passará muita água pela ponte/vai levar muito tempo
63. *j'en passe et des meilleurs* - não posso enumerar tudo = e ainda tem mais!
64. *les chiens aboient, la caravane passe* - os cães ladram e a caravana passa
65. *se passer le flambeau* - passar a pasta, confiar a outros a continuação de uma empresa
66. *tout lasse, tout passe, tout casse (ça passe ou ça casse)* - tudo cansa, passa, acaba, as coisas só podem ter sucesso ou fracassar (ou vai ou racha)
67. *un ange passe* - faz-se um silêncio no meio de uma conversa
68. *passer un examen* - prestar um exame, ser examinado
69. *faire passer quelque chose* - colocar um fim
70. *la, le sentir passer* - sofrer uma afronta
71. *en passant* - acidentalmente, de passagem

Prendre (pegar, tomar, comer)

1. *prendre acte de quelque chose* - tomar nota para usar mais tarde se precisar
2. *prendre sous son aile* - colocar debaixo das asas
3. *prendre l'air* - levantar voo, decolar ou tomar ar
4. *prendre des grands airs* - tomar ares de importância
5. *prendre ses aises* - ficar à vontade, gozar de conforto
6. *en prendre à son aise* - ter pouca dificuldade, não se incomodar
7. *prendre pour argent comptant* - acreditar que tudo é verdade
8. *s'en prendre à quelqu'un* - agredir ou responsabilizar alguém
9. *prendre les armes* - pegar as armas
10. *prendre d'assaut* - assaltar (no sentido militar)
11. *prendre la balle au bond* - saber aproveitar uma oportunidade repentina
12. *prendre la barre* - tomar o leme, a direção de um negócio
13. *prendre (quelqu'un) au berceau* - ocupar-se de alguém desde muito jovem
14. *prendre (quelqu'un) au biberon* - ocupar-se de alguém desde muito cedo
15. *prendre un billet de parterre* - cair no chão, levar um tombo
16. *prendre une biture, une cuite* - tomar um pileque
17. *prendre sous son bonnet* - assumir a responsabilidade de uma coisa
18. *prendre par le bon bout* - agir com habilidade com...
19. *prendre de la bouteille* - envelhecer, ser mais maduro, mais experiente
20. *prendre fait et cause pour...* - tomar partido de alguém
21. *prendre du champ* - tomar distância, ficar distante
22. *prendre les choses comme elles viennent* - aceitar as coisas como elas são
23. *prendre les choses du bon côté* - enxergar as coisas pelo lado bom
24. *prendre bien (ou mal)* - levar a bem (ou a mal)
25. *prendre le ciel à témoin* - ter o céu como testemunha
26. *prendre la clef des champs* - fugir
27. *prendre ses cliques et ses claques* - sair com todos os seus pertences, ir embora
28. *prendre à coeur* - empenhar-se, tomar alguma coisa a peito
29. *prendre congé* - despedir-se
30. *prendre conseil* - pedir conselho
31. *prendre en considération* - levar em consideração
32. *prendre le contre-pied de...* - fazer exatamente o contrário, ficar contra
33. *prendre corps* - tomar corpo
34. *prendre couleur* - começar a tomar forma
35. *prendre des couleurs* - ficar menos pálido, mais saudável

36. *prendre un coup dans les gencives* - sofrer um golpe
37. *prendre un coup de soleil* - se queimar no sol
38. *prendre un coup de vieux* - envelhecer depressa, ficar muito acabado
39. *prendre son courage à deux mains* - encher-se de coragem
40. *prendre de court* - apanhar alguém de calças curtas, de supetão
41. *prendre date* - marcar uma data
42. *prendre en défaut, en faute* - surpreender em falta
43. *prendre au dépourvu* - pegar desprevenido, surpreendê-lo
44. *prendre ses désirs pour des réalités* - sonhar acordado
45. *prendre le dessus* - ganhar, vencer, levantar a cabeça, ficar por cima
46. *prendre le deuil* - se pôr de luto
47. *prendre les devants* - tomar a dianteira, sair na frente (fig.)
48. *prendre son élan* - tomar impulso
49. *prendre l'eau* - fazer água
50. *prendre sur le fait* - apanhar em flagrante
51. *prendre femme* - casar (homem)
52. *prendre feu* - pegar fogo
53. *prendre le frais* - tomar a fresca
54. *prendre froid* - pegar frio
55. *prendre la fuite* - fugir
56. *prendre du galon* - ser promovido
57. *prendre une gamelle* - levar um tombo
58. *prendre des gants* - precaver-se, tratar com habilidade, agir com cautela
59. *prendre garde* - tomar cuidado
60. *prendre quelqu'un à la gorge, au collet* - encostar na parede, agarrar pelo colarinho, pelo pescoço
61. *en prendre pour son grade* - levar uma bronca
62. *en prendre de la graine* - meditar e seguir o exemplo, tomar como modelo
63. *prendre en grippe* - ter aversão, tomar raiva
64. *prendre l'habit, le voile* - tomar o hábito
65. *le prendre de haut* - reagir com arrogância
66. *prendre ses jambes à son cou* - fugir correndo
67. *se prendre* - deixar-se agarrar
68. *se prendre au jeu* - entrar no jogo, se envolver totalmente
69. *prendre langue (avec)* - entrar em contato com...
70. *prendre le large* - partir, sair, fugir, afastar-se

71. *prendre à la légère* - não dar importância
72. *prendre (une chose) à la lettre, au pied de la lettre* - tomar ao pé da letra
73. *prendre la liberté de...* - tomar a liberdade de...
74. *prendre des libertés avec quelqu'un* - tomar liberdades com...
75. *prendre en main* - assumir, tomar a direção, tomar as rédeas
76. *prendre (être pris) la main dans le sac* - pegar com a mão na botija, em flagrante
77. *prendre (du) mal* - ficar doente
78. *prendre mal quelque chose* - levar a mal
79. *s'y prendre* - arranjar-se
80. *s'y prendre mal, comme un manche* - agir desastradamente, sair-se mal
81. *prendre le maquis* - esconder-se da polícia (do inimigo) nos campos
82. *ne pas se prendre pour une merde* - agir pretensiosamente, considerar-se superior
83. *prendre le mors aux dents* - ficar furioso
84. *prendre au mot* - pegar na palavra, aceitar imediatamente uma proposta
85. *prendre la mouche* - irritar-se
86. *prendre (bonne) note* - anotar para não esquecer (sentido de ameaça)
87. *prendre ombrage de quelque chose* - ficar com ciúme (da ação de um outro)
88. *prendre la parole* - tomar a palavra
89. *prendre part à...* - tomar parte em...
90. *prendre parti (pour, contre)* - tomar partido (para ou contra)
91. *prendre le parti de... (quelqu'un ou faire quelque chose)* - tomar partido de...
92. *prendre son parti de quelque chose* - conformar-se com...
93. *prendre à parti* - agredir com palavras
94. *prendre son mal en patience* - resignar-se
95. *prendre la peine de...* - dar-se ao trabalho de...
96. *prendre une pelle* - levar um tombo
97. *prendre peur* - ter medo
98. *prendre pied* - tomar pé
99. *prendre une photo* - tirar uma foto
100. *prendre la plume* - escrever
101. *prendre un pot, un verre* - beber
102. *prendre au sérieux* - levar a sério
103. *prendre sous pied* - gozar
104. *prendre la pilule* - sofrer uma derrota
105. *prendre avec des pincettes (souvent négatit)* - pegar com cuidado, melhor não pegar
106. *prendre en pitié* - ter pena

107. *prendre place* – sentar-se
108. *prendre du plaisir à...* – sentir prazer em... (+ inf.)
109. *prendre son plaisir où on le trouve* – aceitar as coisas como elas são
110. *prendre le pli* – tomar o hábito de...
111. *prendre du poil de la bête* – recuperar-se
112. *prendre quelqu'un par son point faible* – pegar alguém pelo seu ponto fraco
113. *prendre la porte* – tomar posição
114. *prendre position* – tomar posição
115. *prendre la poudre d'escampette* – fugir
116. *se prendre pour* – considerar-se como...
117. *prendre racine* – ficar no lugar esperando
118. *prendre du recul* – afastar-se para ver (ou julgar) melhor
119. *prendre des risques* – arriscar-se
120. *prendre soin de...* – tomar cuidado de...
121. *prendre sur soi de...* – responsabilizar-se, tomar a decisão sozinho
122. *prendre la suite de...* – suceder a...
123. *prendre la tangente* – sair pela tangente
124. *prendre le taureau par les cornes* – pegar o touro à unha
125. *prendre à témoin* – tomar como testemunha
126. *prendre du bon temps* – aproveitar a vida
127. *prendre tournure* – começar a pegar forma
128. *prendre le train en marche* – pegar o bonde andando
129. *prendre en traître* – agir perfidamente
130. *prendre au tragique* – fazer uma tragédia de...
131. *prendre le vent* – farejar, observar o curso dos acontecimentos
132. *prendre du ventre* – engordar (da barriga)
133. *prendre des vessies pour des lanternes* – enganar-se, tomar gato por lebre, cometer um erro grosseiro
134. *prendre une veste* – fracassar, sofrer uma derrota
135. *prendre la vie comme elle vient* – aceitar a vida como ela é
136. *prendre quelqu'un de vitesse* – chegar na frente de alguém
137. *prendre son vol* – levantar voo
138. *à tout prendre* – em suma, pensando bem, afinal de contas
139. *on ne m'y prendra plus* – não me pagam mais
140. *Qu'est-ce qui vous prend?/Ça vous prend souvent?* – O que é que há com você?
141. *c' est à prendre ou à laisser* – é pegar ou largar/é tudo ou nada

142. *c'est toujours ça de pris* - pelo menos isto está garantido

143. *ça ne prend pas* - isso não cola, conta a outro

144. *Pour qui me prenez-vous?* - Com quem você acha que está falando?

145. *Je sors d'en prendre!* - Para mim, chega!

146. *tel est pris qui croyait prendre* - foi buscar lã e saiu tosquiado/o feitiço virou contra o feiticeiro

147. *s'en prendre à quelqu'un d'une chose* - pôr a culpa em alguém, incriminar alguém, atacar alguém

148. *pas vu pas pris* - diz-se de alguém que fez algo errado sem ser incomodado (ninguém sabe, ninguém viu)

Tenir (ter, segurar na mão, conter, manter)

1. *en tenir* - sofrer uma perda; estar ferido, ser atingido
2. *en tenir pour* - ser apegado a
3. *en tenir une* - estar bêbado
4. *en tenir une couche* - ser idiota
5. *n'avoir qu'à bien se tenir* - agir de maneira a evitar qualquer aborrecimento
6. *ne pas pouvoir (y) tenir* - não poder se dominar
7. *ne tenir qu'à un fil* - estar por um fio, estar por pouco
8. *qu'à cela ne tienne* - pouco importa, não seja por isso, que isto não seja um impedimento
9. *savoir à quoi s'en tenir* - estar certo das consequências de uma coisa
10. *s'en tenir à* - se limitar à
11. *se le tenir pour dit* - não insistir
12. *se tenir à carreau* - ficar precavido, ficar de sobreaviso
13. *se tenir à quatre* - conter-se a custo, controlar-se com muita dificuldade
14. *se tenir les côtes* - rir muito
15. *tenir au courant* - manter a par
16. *tenir en haleine* - atrair a atenção de alguém, deixar alguém na expectativa
17. *tenir la jambe à quelqu'un* - importunar alguém, prender alguém com uma conversa sem o menor interesse
18. *tenir la queue de la poêle* - estar na direção de alguma coisa, ter a seu encargo, dar as cartas
19. *tenir quitte* - dispensar
20. *tenir la rampe* - resistir com sucesso
21. *tenir le bon bout* - estar em melhor situação, estar com tudo

22. *tenir le coup* - resistir
23. *tenir le crachoir à quelqu'un* - escutar alguém que fala sem parar
24. *tenir le haut du pavé* - ser da mais alta posição social, ocupar o primeiro lugar, estar por cima
25. *tenir quelqu'un entre ses pattes* - ter alguém sob seu absoluto controle
26. *tenir quelqu'un en laisse* - impedi-lo de agir livremente
27. *tenir sa langue* - calar-se
28. *tenir tête* - resistir, fazer frente
29. *tenir un bonne cuite* - estar totalmente bêbado
30. *tiens donc!/tiens, tiens!* - olhe!/ puxa! (diz-se no singular para exprimir surpresa)
31. *un tiens vaut mieux que deux tu l'auras* - mais vale um pássaro na mão que dois voando
32. *y tenir comme à la prunelle de ses yeux* - fazer muita questão, ter nisso o maior exemplo, ter muito apreço
33. *tiens!/tenez!* - toma! (diz-se quando se dá alguma coisa a alguém ou também pode significar "puxa vida!", se considerarmos interjeição - o que depende do contexto)
34. *tenir des propos déplacés* - dizer coisas que não vêm ao caso
35. *tenir la chambre* - não poder sair de casa (por doença)
36. *tenir compte de* - reconhecer-se devedor de, ter em conta ou em consideração
37. *tenir de (il tient de son père)* - parecer-se com, "puxar" a alguém
38. *se tenir en repos* - estar sossegado
39. *se tenir sur ses gardes* - estar com o pé atrás, acautelar-se
40. *il ne tient qu'à moi* - só depende de mim
41. *tenir bon, tenir ferme* - resistir
42. *il n'y a pas de raison qui tienne* - não há razão que valha
43. *se le tenir pour dit* - não insistir, não replicar, dar-se por satisfeito
44. *être tenu à* - ser obrigado a
45. *n'y plus tenir* - não poder mais se controlar
46. *savoir à quoi s'en tenir* - estar bem informado
47. *se tenir bien, mal* - mostrar que tem uma boa ou má educação
48. *tenir conseil* - reunir-se para deliberar
49. *tenir la mer* - enfrentar sem risco o mau tempo, estar estável e seguro (falando-se de um navio)
50. *tenir l'affiche* - ficar em cartaz por muito tempo
51. *avoir de qui tenir* - ter a quem puxar, ter as qualidades, os defeitos dos pais
52. *tenir lieu de* - substituir alguém

53. *tenir rigueur à quelqu'un d'une chose* - guardar mágoa de alguém, não perdoar alguém
54. *tenir sa langue* - saber se calar
55. *tenons-nous-en là* - não falemos, não façamos mais
56. *tenir la dragée haute à quelqu'un* - fazer alguém pagar um preço alto por aquilo que deseja, deixar alguém na boca de espera
57. *tenir serrés les cordons de la bourse* - não gastar dinheiro à toa, ser muito econômico
58. *tenir table ouverte* - convidar para sua mesa todos os amigos que aparecerem
59. *se tenir à sa place* - não ultrapassar suas atribuições
60. *tenir en lisières* - trazer alguém no cortado, tratar com severidade
61. *tenir un pari* - aceitar a aposta
62. *ça se tient!* - é coerente, é verossímil
63. *tenir les rênes de quelque chose* - dirigir, manter as rédeas
64. *se tenir coi (rester coi)* - ficar quieto e calado

Rendre (devolver, dar, deixar escapar, render, tornar, expressar, representar) e Se rendre (ir, dirigir-se, entregar-se, submeter-se)

1. *rendre à César ce qui est à César* - dar a César o que é de César
2. *rendre à quelqu'un la monnaie de sa pièce* - pagar na mesma moeda, dar o troco
3. *rendre compte* - relatar, contar, dar parte, explicar
4. *rendre des comptes* - prestar contas, justificar sua própria conduta
5. *rendre gloire à quelqu'un ou quelque chose* - glorificar
6. *rendre gorge* - devolver o que foi roubado (fig.)
7. *rendre grâce* - dar graças a...
8. *rendre hommage à quelqu'un ou quelque chose* - prestar homenagem a...
9. *rendre justice à quelqu'un* - fazer justiça a... (reconhecer o valor de...)
10. *rendre l'âme, le dernier soupir* - entregar a alma
11. *rendre l'esprit* - morrer
12. *rendre la justice* - ministrar a justiça
13. *rendre la liberté à quelqu'un* - devolver a liberdade a...
14. *rendre la monnaie* - dar o troco
15. *rendre la pareille à quelqu'un* - pagar na mesma moeda
16. *rendre le dernier soupir* - exalar o seu último suspiro
17. *rendre le mal pour le mal* - pagar o mal com o mal
18. *rendre les armes* - entregar as armas, render-se

19. *rendre publique* - tornar público
20. *rendre sa parole à quelqu'un* - liberar alguém de um compromisso
21. *rendre service* - prestar favor
22. *rendre son tablier* - pedir as contas
23. *rendre tripes et boyaux* - vomitar, botar as tripas pela boca
24. *rendre une invitation* - retribuir um convite
25. *rendre une politesse à quelqu'un* - retribuir a gentileza
26. *rendre visite* - visitar alguém
27. *se rendre (dans un lieu)* - ir (a algum lugar)
28. *se rendre à l'appel de quelqu'un* - atender ao chamado de alguém
29. *se rendre à l'ennemi* - entregar-se ao inimigo
30. *se rendre à l'évidence* - render-se às evidências
31. *se rendre compte* - perceber, dar-se conta de
32. *se rendre insupportable, odieux* - mostrar-se insuportável
33. *se rendre maître de quelque chose* - tornar-se dono de..., dominar
34. *se rendre utile* - fazer-se útil
35. *rendez-vous* - encontro marcado
36. *prendre rendez-vous* - marcar encontro
37. *rendez-vous de chasse* - pavilhão de caça
38. *un prêté pour un rendre* - um castigo merecido, uma desforra

TIRER (tirar, puxar)

1. *tirer à* - dar um tiro de festim
2. *tirer à blanc* - dar um tiro de festim
3. *tirer à conséquence* - ter consequências importantes, ter gravidade
4. *tirer à la courte paille* - tirar a sorte
5. *tirer à quelqu'un une épine du pied* - tirar um peso
6. *tirer à sa fin* - se aproximar do fim, estar acabando
7. *tirer au clair* - esclarecer, tirar a limpo
8. *tirer au cul, au flanc* - tirar o seu da reta, tirar o corpo fora
9. *tirer avantage* - levar vantagem
10. *tirer dans le dos* - dar uma punhalada
11. *tirer dans les jambes (pattes) de quelqu'un* - opor-se a
12. *tirer des plans sur la comète* - fazer castelo de areia, castelo no ar
13. *tirer l'échelle (après ça, il ne nous reste plus qu'à tirer l'échelle!)* - não poder fazer mais, melhor, não esperar nada melhor

14. *tirer la couverture à soi* - se dar o mérito que cabe aos outros, querer tudo para si e nada para os outros
15. *tirer la jambe* - puxar da perna
16. *tirer la langue* - mostrar a língua
17. *tirer le bon numéro* - ganhar na loteria, ter sorte
18. *tirer le diable par la queue* - estar na pior, duro
19. *tirer le portrait à quelqu'un* - tirar foto de alguém
20. *tirer les cartes* - tirar a sorte
21. *tirer les châtaignes (les marrons) du feu* - arrumar a cama para outro se deitar
22. *tirer les ficelles* - mexer os pauzinhos
23. *tirer les oreilles à quelqu'un* - dar uma bronca em..., puxar as orelhas de...
24. *tirer les rois* - comer o "bolo da epifania" (6 de janeiro)
25. *tirer les vers du nez à quelqu'un* - fazer falar para arrancar segredo
26. *tirer parti de.../tirer profit de quelque chose* - tirar partido de...
27. *tirer quelqu'un d'affaire (d'embarras), se tirer d'affaire* - tirar alguém (se sair) de uma enrascada
28. *tirer sa flemme* - não fazer nada, ser preguiçoso
29. *tirer sa révérence* - se despedir, partir
30. *tirer son chapeau* - tirar o chapéu, facilitá-lo
31. *tirer son épingle du jeu* - sair-se bem
32. *tirer sur la corde, sur la ficelle* - ir longe demais, abusar
33. *tirer un trait sur quelque chose* - não querer mais ouvir falar de, esquecer
34. *être tiré à quatre épingles* - estar nos trinques
35. *se faire tirer l'oreille* - se fazer de rogado
36. *se tirer (des flûtes)* - partir, fugir, escapar, sair de
37. *s'en tirer* - se sair bem, são e salvo; resolver um problema
38. *faire tirer la langue* - fazer esperar muito tempo, ficar mofando
39. *tirer à boulets rouges sur quelqu'un* - insultar alguém
40. *tirer en longueur* - fazer render, levar muito tempo
41. *tirer une épine du pied de quelqu'un* - tirá-lo de uma situação difícil
42. *tirer vers ou sur* - parecer-se, aproximar-se
43. *se faire tirer le portrait* - encomendar o retrato (desenhado ou fotografado)
44. *tirer d'embarras* - livrar de dificuldade
45. *tirer un chèque* - emitir um cheque
46. *tireur (tireuse) de cartes* - cartomante
47. *tireur d'épée* - esgrimista

48. *tire-sou* - pessoa ávida de ganhos mesquinhos, pessoa sórdida que faz questão de um centavo
49. *tiré par les cheveux* - forçado, pouco natural
50. *ça se tire* - isto vai acabar em breve
51. *se tirer dans le pied* - fazer uma manobra errada, dar um tiro no pé
52. *tirer au sort* - sortear
53. *tirer la tronche, la gueule* - ficar de cara feia
54. *tirer un plan* - desenhá-lo

TOMBER (cair)

1. *tomber de Charybde en Scylla* - cair em Cila tentando evitar Caribde, escapar de um perigo para enfrentar outro maior, ir de mal a pior (*Charybde – nome dado pelos antigos a um turbilhão do estreito de Messina próximo de um rochedo chamado Scylla*)
2. *tomber à l'eau* - entrar areia, fracassar
3. *tomber à merveille* - vir a calhar
4. *tomber à plat* - dar em nada
5. *tomber à point, à propos, à pic, pile* - vir a calhar
6. *tomber amoureux* - apaixonar-se
7. *tomber (bien) bas* - cair na pior ou baixar o nível
8. *tomber comme des mouches* - morrer em massa, a granel
9. *tomber d'accord* - fazer acordo
10. *tomber (être) dans la dèche* - cair, estar na miséria, na pindaíba
11. *tomber dans la gueule du loup* - cair nas garras do inimigo
12. *tomber dans le domaine public* - cair no domínio público (obra artística)
13. *tomber dans le lac* - entrar areia
14. *tomber dans le panneau* - cair na armadilha, deixar-se enganar
15. *tomber dans le troisième (le trente sixième) dessous* - cair na miséria, na pior
16. *tomber dans les pommes* - desmaiar
17. *tomber de haut* - cair das nuvens (ficar desapontado)
18. *tomber de la lune* - cair das nuvens (ficar surpreso)
19. *tomber des nues* - cair das nuvens (cair do cavalo)
20. *tomber de sommeil, de fatigue* - cair de sono, de cansaço
21. *tomber des cordes, des hallebardes* - chover canivetes, chover a cântaros
22. *tomber du ciel* - cair do céu
23. *tomber du côté où l'on penche* - entregar-se às suas tendências
24. *tomber en arrêt* - ficar estatelado

25. *tomber en carafe* - ficar frustrado, abandonado
26. *tomber en de bonnes (mauvaises) mains* - cair em boas (más) mãos
27. *tomber en déconfiture* - ir à falência
28. *tomber en défaut* - perder a pista de caça
29. *tomber en désuétude* - cair em desuso
30. *tomber en disgrâce* - cair em desgraça
31. *tomber en enfance* - voltar à infância
32. *tomber en panne* - enguiçar
33. *tomber en quenouille* - ficar no abandono
34. *tomber en ruine* - desmoronar
35. *tomber le derrière par terre* - cair de quatro
36. *tomber par terre* - cair no chão
37. *tomber sur le cul* - cair de quatro
38. *tomber malade* - cair doente
39. *tomber sous la main* - vir a calhar
40. *tomber sous le coup de la loi* - ser sucetível à sanção da lei
41. *tomber sous le sens* - ser óbvio, claro, evidente
42. *tomber sur le paletot* - cair em cima de alguém, atacá-lo
43. *tomber sur le poil de quelqu'un* - cair em cima de alguém, atacá-lo
44. *tomber sur quelqu'un ou quelque chose* - dar de cara com alguém, alguma coisa, encontrar por acaso
45. *tomber sur ses pieds* - se sair bem
46. *tomber sur un bec* - encontrar uma dificuldade, se dar mal
47. *tomber sur un os* - encontrar uma dificuldade, se dar mal
48. *attendre que les alouettes tombent toutes rôties* - esperar cair do céu
49. *ça n'est pas tombé dans l'oreille d'un sourd* - não dá para esquecer
50. *laisser tomber* - deixar rolar, deixar pra lá
51. *les bras m'en tombent* - fico de queixo caído/estou pasmo
52. *être tombé dedans tout petit* - ser condicionado pela sua infância para exercer tal ou tal atividade
53. *tu me tombes juste* - você me caiu do céu
54. *être tombé sur la tête* - ter perdido a razão

Le coup (golpe, pancada)

1. *coup d'archet* - arcada
2. *coup d'aviron* - remada

3. *coup d'arrêt* - ação pela qual se proíbe a continuação de alguma coisa
4. *coup de baguette (magique)* - por encantamento
5. *coup de balai* - vassourada; dispensa maciça (dos empregados)
6. *coup de bambou* - acesso de loucura
7. *coup de barre* - mal-estar súbito, acesso de cansaço brusco e violento
8. *coup de brosse* - escovadela
9. *coup de boutoir* - ofensa, palavras duras
10. *donner un coup de canif dans de contrat* - cometer infidelidade conjugal, pular a cerca
11. *coup de chance, de veine, de pot* - golpe de sorte; que sorte!
12. *coup d'envoi* - a inauguração, a abertura, pôr um plano em prática
13. *coup d'épaule* - ajuda, auxílio
14. *coup d'épée* - estocada
15. *coup d'épée dans l'eau* - esforço inútil, chover no molhado
16. *coup d'épingle* - alfinetada, ofensa leve mas repetida
17. *coup d'essai* - primeira tentativa
18. *coup de chapeau* - fato de homenagear alguém
19. *coup de chien* - golpe sujo, traiçoeiro
20. *coup de cœur* - entusiasmo repentino por alguém ou alguma coisa, paixonite
21. *coup de collier* - esforço árduo
22. *coup de dés* - lance de dados, negócio arriscado
23. *coup de dent, coup de bec* - mordida, bicada; maledicência, fuxico, intriga
24. *coup d'éclat* - ação brilhante, notável, surpreendente
25. *coup d'État* - golpe de Estado
26. *coup de l'étrier* - o último gole que se toma antes de ir embora
27. *coup de feu* - tiro, disparo; aumentar o calor do fogo para ativar o cozimento; movimentação, grande movimento
28. *coup de fer* - passada (de ferro de passar a roupa)
29. *coup de fil, coup de téléphone* - telefonema
30. *coup de filet* - batida policial
31. *coup de folie* - ação brusca e despropositada, insensatez
32. *coup de force* - ação coletiva violenta contrária à legalidade e à justiça (tentativa de revolução, por exemplo)
33. *coup de foudre* - amor à primeira vista
34. *coup de fouet* - chicotada; efeito estimulante, impulsão
35. *coup de fourchette* - bom de garfo
36. *coup franc/coup de pied de réparation* - pênalti

37. *coup de fusil* - conta salgada
38. *coup de génie* - golpe de gênio
39. *coup de grâce* - golpe de misericórdia
40. *coup de griffe* - observação maldosa ou ofensiva, unhada, arranhão
41. *coup de gueule* - gritos, palavras violentas de uma pessoa com raiva
42. *coup de Jarnac* - ataque traiçoeiro, golpe imprevisto
43. *coup de langue* - maledicência
44. *coup du lapin* - golpe mortal sobre as vértebras cervicais, na nuca
45. *coup de main* - ajuda momentânea, mãozinha; ataque rápido, ataque surpresa, golpe, levante
46. *coup de maître* - ação notável, obra digna de um mestre, obra de mestre
47. *coup de malheur* - má sorte, infelicidade
48. *coup de massue, coup de masse* - golpe brutal e decisivo; acontecimento acabrunhante e imprevisto; conta muito salgada e extorsiva
49. *coup d'oeil* - olhadela
50. *coup de pied en vache* - golpe traiçoeiro
51. *coup du Père François* - traição, golpe pelas costas
52. *coup de poing* - murro, soco
53. *coup de pouce* - mãozinha; última demão
54. *coup de sang* - violento acesso de raiva, hemorragia cerebral, derrame
55. *coup de soleil* - insolação
56. *coup de tête* - cabeçada, ato irrefletido, uma insensatez
57. *coup de théâtre* - acontecimento inesperado, golpe teatral
58. *coup de tonnerre* - acontecimento brutal e imprevisto; trovoada
59. *coup de torchon, coup de balai* - golpe duro, briga, alteração
60. *coup de Trafalgar* - acontecimento inesperado e catastrófico (Trafalgar: cabo ao sul da Espanha, no Atlântico, perto de Gibraltar, onde o almirante inglês Nelson aniquilou a frota franco-espanhola do almirante Villeneuve em 1805, mas foi morto.)
61. *coup de vieux* - envelhecimento brusco
62. *coup de vent/passer en coup de vent* - lufada, rajada de vento/passar rapidamente
63. *coup dur* - um rude golpe
64. *coup fourré* - golpe sujo, ação desonesta
65. *coup monté* - complô, cilada
66. *coup bas* - golpe baixo
67. *coup double (faire un)* - matar dois coelhos com uma cajadada só
68. *mauvais coup* - golpe sujo, desonesto, ilegal
69. *sale coup* - acontecimento inesperado e desagradável, safadeza

70. *sur le coup/sur le coup de... heures* – imediatamente/aproximadamente às... horas
71. *à coup sûr* – infalivelmente, com toda certeza
72. *à tout coup* – a cada vez
73. *après coup* – depois do acontecimento, mais tarde, uma vez a coisa feita
74. *coup sur coup* – sucessivamente, sem interrupção
75. *ce coup-ci/ce coup-là/pour le coup/à ce coup* – desta vez, por hora
76. *du coup* – por isso
77. *du même coup* – pela mesma ocasião, pela mesma ação, mesma causa
78. *du premier coup* – na primeira tentativa
79. *d'un seul coup* – de uma só vez
80. *encore un coup* – mais uma vez
81. *tout à coup* – de repente
82. *tout d'un coup* – de uma só vez
83. *à tout coup* – a cada passo, a cada momento
84. *à coup de* – batendo com; com o auxílio de
85. *d'un coup de* – por meio de
86. *sous le coup de* – sob a influência de, sob o efeito de, sob o impacto de
87. *sans coup férir* – sem encontrar resistência, sem obstáculo algum, sem disparar um tiro, sem luta
88. *avoir le coup* – mostrar habilidade
89. *avoir le coup de bambou* – ter um atordoamento
90. *avoir un coup au cœur* – experimentar uma grande emoção
91. *avoir un coup dans l'aile* – estar bêbado
92. *accuser le coup* – reagir de modo penoso e muito visível
93. *boire un coup* – tomar um trago
94. *compter les coups* – assistir a uma luta e se limitar a observar sem intervir
95. *discuter le coup* – ter uma conversa animada
96. *être aux cent coups* – ficar desorientado, andar como doido
97. *être dans le coup* – tomar parte na ação, ser informado
98. *être sous le coup de* – estar sob o efeito, sob a ameaça de
99. *mettre quelqu'un dans le coup* – fazê-lo participar de um negócio, pô-lo a par
100. *écraser le coup* – esquecer o rancor
101. *faire les quatre cents coups* – levar uma vida desregrada, pintar o sete
102. *faire les cent coups* – empregar todos os meios
103. *manquer son coup* – fracassar, não atingir o objetivo a que se propunha
104. *marquer le coup* – celebrar um acontecimento; demonstrar que foi afetado por alguma coisa

105. *monter le coup* - enganar
106. *monter un coup* - preparar um negócio; armar (frequentemente com valor pejorativo)
107. *en mettre un coup* - fazer um grande esforço, mostrar entusiasmo no trabalho
108. *risquer (tenter) le coup* - arriscar-se, engajar-se num negócio perigoso
109. *tenir le coup* - aguentar firme
110. *valoir le coup* - valer a pena/ *ça vaut le coup!* - Vale a pena!
111. *rouer des coups* - moer de pancada
112. *tirer à coup perdu* - atirar às cegas
113. *en venir au coup* - passar às vias de fato
114. *tout coup vaille* - suceda o que suceder
115. *faire d'une pierre deux coups* - matar dois coelhos com uma cajadada só
116. *en prendre un coup* - sofrer um prejuízo, uma ofensa
117. *en prendre un bon coup dans les gencives* - ser violentamente atacado ou criticado
118. *en deux, en trois coups de cuiller à pot* - muito rapidamente

Avoir (ter)

1. *avoir de quoi* - ter dinheiro suficiente
2. *avoir quelqu'un* - enganá-lo
3. *il nous a eus* - ele nos enganou
4. *on les aura* - eles vão nos pagar
5. *en avoir assez* - estar "cheio", não poder suportar mais
6. *en avoir à (contre, après) quelqu'un* - ter alguma coisa contra alguém
7. *il n'y en a que pour lui* - ele monopoliza tudo
8. *l'avoir dans le baba, dans le cul, dans l'os* - perder
9. *n'avoir qu'à* - bastar
10. *n'en avoir que faire* - não se preocupar com isso
11. *quand il n'y en a plus, il y en a encore* - isto é inesgotável
12. *quoi qu'il en ait* - contrariamente ao que ele pensa, diga o que disser, por mais que faça
13. *se faire avoir* - ser enganado
14. *y avoir* - haver
15. *il y a* - há
16. *il y avait* - havia
17. *il y a eu* - houve
18. *il y aura* - haverá

19. *il y aurait* - haveria
20. *il va y avoir* - vai haver
21. *il y ait* - haja
22. *il n'y a pas de quoi* - não há de quê, de nada
23. *il y en a qui* - não falta quem, há os que
24. *avoir beau* - por mais que, ser em vão
25. *avoir à (seguido de infinitivo)* - ter que, ter de
26. *avoir du front* - ter descaramento, ter desfaçatez
27. *avoir le dessous* - ficar debaixo, ficar inferior, perder
28. *avoir tort* - estar errado, não ter razão
29. *avoir raison* - ter razão
30. *avoir peine (ou de la peine)* - custar, ter dificuldades em
31. *avoir... ans bien sonnés* - ter... anos bem vividos
32. *les avoir a zéro* - morrer de medo
33. *avoir barre sur quelqu'un* - levar vantagem sobre alguém, dominar alguém, mandar em alguém
34. *avoir affaire à quelqu'un* - tratar com alguém
35. *avoir de l'acquis* - ter um bom grau de instrução, saber muitas coisas
36. *avoir une araignée dans le plafond* - estar mal da cabeça, estar perturbado
37. *avoir du jarret* - andar, correr muito sem se cansar, ter boas pernas
38. *avoir beau jeu* - ter condições propícias, estar com a faca e o queijo na mão, estar com tudo
39. *avoir un jour* - ter um dia disponível para receber alguém
40. *en avoir jusque-là* - estar "por aqui", estar cheio, estar saturado
41. *ne pas avoir sa langue dans sa poche* - não conseguir ficar calado, não ter papas na língua
42. *avoir bec et ongles* - ter unhas e dentes, ter garra
43. *avoir une prise de bec avec quelqu'un* - ter um bate-boca com alguém, travar uma discussão
44. *avoir le béguin pour quelqu'un* - estar apaixonado por alguém, estar caído por alguém
45. *avoir la berlue* - ter visões, formar uma ideia errada sobre alguma coisa
46. *avoir besoin* - ter necessidade, precisar
47. *avoir un boeuf sur la langue* - estar impedido de falar, estar amordaçado
48. *avoir bon coffre* - ser forte, ter boa saúde
49. *avoir bon dos* - aguentar o rojão, ter as costas largas
50. *avoir quelqu'un sur son dos* - ter sempre alguém atrás de você, ser constantemente importunado

51. *en avoir plein de dos* - estar saturado, estar cheio
52. *avoir bonne presse, avoir mauvaise presse* - ser bem recebido pela crítica, ter boa aceitação; ter boa reputação
53. *avoir bon pied, bon oeil* - estar muito bem de saúde, estar atento, estar de olho
54. *avoir le pied marin* - estar acostumado a viajar de navio, de barco, não ser marinheiro de primeira viagem
55. *avoir un pied dans chacun des deux camps* - manter um pé em cada canoa, ter aliados em dois partidos políticos antagônicos
56. *avoir un pied dans la tombe, dans la fosse* - estar com o pé na cova, estar nas últimas
57. *avoir campos* - estar de folga
58. *avoir charge d'âmes* - estar encarregado da salvação das almas, tomar conta de alguém
59. *il n'y a pas de quoi fouetter un chat* - não tem tanta importância assim/não é tão grave assim
60. *il n'y a pas un chat* - não há ninguém/não há nem um gato pingado
61. *avoir d'autres chats à fouetter* - ter outras coisas mais importantes para fazer, ter mais o que fazer
62. *avoir de la chance* - ter sorte
63. *n'avoir de cesse que* - só parar quando, continuar até que
64. *avoir la chair de poule* - ficar todo arrepiado
65. *avoir le champ libre* - ter o campo livre, ter plena liberdade de ação
66. *avoir quelqu'un à la bonne* - ter alguém em boa conta, ter simpatia por alguém
67. *avoir la bosse* - ter muito jeito para alguma coisa
68. *avoir la bouche cousue* - ficar de boca calada, guardar um segredo, boca de siri!
69. *avoir la bougeotte* - ter bicho carpinteiro no corpo, não parar em parte alguma
70. *avoir le bourdon* - estar deprimido, estar triste
71. *avoir de la bouteille* - ter idade e experiência de vida, ser mais maduro
72. *avoir de la branche* - pertencer a uma família nobre, ter estirpe
73. *avoir du cachet* - ter um aspecto especial que atrai a atenção, ter um atrativo particular, ter um quê
74. *avoir le cafard* - estar triste, estar na fossa
75. *l'avoir à la caille* - ficar muito desapontado, ficar decepcionado
76. *avoir de la corde de pendu dans sa poche* - ter muita sorte, ganhar sempre no jogo, ter sempre êxito
77. *avoir (ou se mettre) la corde au cou* - estar ou ficar com a corda no pescoço
78. *avoir plusieurs cordes à son arc* - dispor de muitos recursos para conseguir o que deseja, ter muitos trunfos na mão

79. *avoir la cote* – ter boa cotação, ser muito apreciado
80. *avoir les coudées franches* – ter plena liberdade de ação, ter as mãos livres
81. *avoir (ou mettre) le couteau sur (ou sous) la gorge* – estar com a faca no pescoço, constranger, coagir alguém
82. *avoir du cran ou avoir le cran de* – ter ousadia, coragem
83. *avoir les crocs* – estar varado de fome, estar com muita fome
84. *avoir lieu* – acontecer, realizar-se
85. *avoir lieu de* – ter motivos para, ter boas razões para
86. *avoir de la ligne* – ser esbelto, elegante, ter linha
87. *avoir vu le loup* – não ser virgem
88. *il y a belle lurette* – há muito tempo
89. *avoir des yeux de lynx* – ter olhos de lince, ter olhos penetrantes
90. *avoir maille à partir avec quelqu'un* – ter contas a ajustar com alguém, ter problemas com alguém
91. *avoir la main heureuse* – ter uma mão de sorte, ser feliz em suas escolhas
92. *avoir la main lourde* – ter a mão pesada, castigar severamente; servir em grande quantidade
93. *avoir la haut main sur quelque chose* – dirigir, mandar em alguma coisa
94. *avoir quelque chose sous la main* – ter alguma coisa a seu alcance
95. *avoir deux poids et deux mesures* – ter dois pesos e duas medidas
96. *avoir de la poigne* – ter pulso firme
97. *avoir un poil dans la main* – ser muito preguiçoso, não gostar de trabalhar
98. *avoir le pompon* – levar a palma, ganhar o prêmio
99. *avoir un port de reine* – ter um porte de rainha
100. *avoir du pot* – ter sorte
101. *avoir de l'ascendant sur quelqu'un* – ter ascendência sobre alguém
102. *en avoir assez* – estar farto, estar cheio
103. *avoir un cœur d'artichaut* – ser volúvel, inconstante no amor
104. *avoir un estomac d'autruche* – ter um estômago de avestruz, comer de tudo
105. *en avoir pour* – gastar, levar, demorar um determinado tempo para fazer alguma coisa, ficar ocupado durante certo tempo
106. *avoir reçu un (ou le) coup de bambou* – levar uma estocada, ficar alquebrado
107. *avoir de la veine* – ter sorte
108. *avoir le ventre creux* – estar de barriga vazia, não ter comido nada
109. *avoir les yeux plus gros que le ventre* – ter o olho maior que a barriga
110. *avoir quelque chose dans le ventre* – ter energia, ter disposição
111. *avoir un verre dans le nez* – estar embriagado, estar de cara cheia

112. *avoir envie de* - ter vontade

113. *avoir de l'esprit jusqu'au bout des ongles* - ser muito espirituoso, ter muita graça

114. *avoir l'esprit de l'escalier* - não ter presença de espírito, lembrar-se tarde demais do que deveria ter dito

115. *avoir de l'estomac* - ter ousadia, coragem

116. *avoir l'estomac dans les talons* - estar com muita fome, estar de barriga vazia

117. *avoir de l'étoffe* - ter qualidades, ter estofo, ter aptidão

118. *avoir fort à faire* - ter muito o que fazer

119. *avoir de l'entregent* - ser muito hábil, ter muito jeito, saber lidar com as pessoas

120. *ne pas avoir de plomb dans la tête* - não ter prejuízo, ser desatinado

121. *avoir de qui tenir* - ter a quem puxar, ter as qualidades e os defeitos dos pais

122. *il y a beau temps* - faz muito tempo

123. *avoir la tête à l'envers* - estar com a cabeça virada, não saber mais o que faz

124. *avoir la tête près du bonnet* - ter mau gênio, ser estourado

125. *avoir la tête sur les épaules* - ter a cabeça no lugar, ser sensato

126. *avoir une tête à gifles* - ter uma cara fechada, ter uma cara de poucos amigos

127. *avoir du toupet* - ter o topete, ter o atrevimento

128. *avoir plus d'un tour dans son sac* - ter muita habilidade, ser astucioso, ser cheio de truques

129. *avoir trait à* - relacionar-se com, dizer respeito a

130. *avoir la trouille* - ter medo

131. *avoir le trouillomètre à zéro* - ter muito medo

132. *avoir des trous de mémoire* - ter lapsos de memória, dar um branco

133. *avoir le truc* - ter um truque, conhecer o modo para conseguir alguma coisa, ter um macete

134. *avoir des tuyaux* - ter informações sigilosas, ter umas dicas

135. *avoir quelqu'un à l'usure* - vencer alguém pelo cansaço

136. *en avoir de bonnes* - ter cada uma, fazer sempre brincadeiras

137. *avoir quelqu'un à la bonne* - ter alguém em boa conta, ter simpatia por alguém

138. *avoir des fourmis dans les jambes* - sentir formigamento nas pernas, ter as pernas dormentes

139. *avoir son franc-parler* ou *parler franc* - ser franco, falar com franqueza

140. *avoir la fringale* - ter muita fome, estar faminto

141. *en avoir froid dans le dos* - ter medo, sentir um frio na espinha

142. *ne pas avoir froid aux yeux* - não ter medo, ser audacioso

143. *avoir la frousse* - ter medo, ficar amedrontado

144. *il n'y a pas de fumée sans feu* - onde há fumaça há fogo

145. *avoir part au gâteau* - ter uma parte do bolo, participar dos lucros, das vantagens
146. *avoir bon genre, avoir mauvais genre* - ter boas maneiras, ter maus modos
147. *avoir le gousset vide* - estar sem dinheiro, estar de bolso vazio
148. *avoir un grain ou avoir un petit grain* - ser meio pancada, ser um pouco doido
149. *avoir la langue bien pendue* - ser linguarudo, ter uma língua comprida, falar pelos cotovelos
150. *avoir la larme à l'oeil ou des larmes aux yeux* - ter lágrimas nos olhos, ficar muito comovido
151. *avoir des larmes dans la voix* - ter a voz embargada por uma emoção
152. *avoir des yeux en boule de loto* - ter olhos redondos e esbugalhados
153. *avoir deux poids et deux mesures* - ter dois pesos e duas medidas
154. *avoir le feu au derrière* - ter fogo no rabo, ser muito afoito, agitado
155. *avoir le feu sacré* - ser muito ardoroso, ter o fogo sagrado
156. *avoir quelqu'un au bout du fil* - falar com alguém por telefone
157. *avoir un fil à la patte* - estar preso a alguém que lhe traz transtornos, estar amarrado a alguém
158. *avoir la flemme* - ter muita preguiça
159. *n'avoir ni foi ni loi* - não ter fé nem moral
160. *avoir les foies* - ter medo
161. *avoir du foin dans ses bottes* - ter muitos recursos, ser rico
162. *l'avoir dans le cul* - sofrer uma derrota, entrar bem, levar na cabeça
163. *avoir du coulot ou avoir le culot de* - ter atrevimento, audácia
164. *avoir la dent* - estar com fome
165. *avoir la dent dure* - ser mordaz
166. *avoir des dents longues* - ser muito ambicioso, ganancioso
167. *avoir l'oreille basse* - estar envergonhado
168. *avoir l'oreille dure* - ouvir com dificuldade, ser duro de ouvido
169. *avoir l'oreille fine* - ouvir muito bem, ter bom ouvido
170. *l'avoir dans l'os* - ficar frustrado, estar frito, estar roubado
171. *avoir du panache* - ter brio, ter brilho
172. *il y a gros à parier que* - a gente pode apostar que, é quase certo que
173. *avoir partie liée avec quelqu'un* - estar comprometido com alguém
174. *avoir affaire à forte partie* - enfrentar um adversário difícil, enfrentar uma parada dura
175. *avoir la partie belle* - ficar numa posição boa, sair ganhando
176. *avoir le pas sur quelqu'un* - estar um passo à frente de alguém, levar vantagem sobre alguém, vencer alguém

177. *il n'y a que le premier pas qui coûte* - o mais difícil é dar o primeiro passo
178. *en avoir gros sur la patate* - estar muito pesaroso, estar muito chateado
179. *avoir le mal du pays* - ter saudades de sua terra, de sua pátria
180. *avoir quelqu'un dans la peau* - estar apaixonado por alguém, estar gamado por alguém
181. *n'avoir que la peau et les os* - estar muito magro, estar pele e osso
182. *ne pas avoir un radis ou ne pas avoir un rond* - estar sem dinheiro, não ter um tostão
183. *avoir les reins solides* - ser rico, ser poderoso
184. *avoir du ressort* - ter muita energia, ter uma grande capacidade de reação
185. *avoir (ou tenir) le beau rôle* - ficar numa boa posição, ficar numa posição cômoda, sair ganhando
186. *avoir le sac* - ser rico, ter muito dinheiro
187. *avoir du sang bleu* - ter sangue azul
188. *avoir du sang dans les veines* - ter sangue nas veias, ser enérgico
189. *avoir du sang de navet* - ter sangue de barata, não ter energia
190. *avoir une santé de fer* - ter uma saúde de ferro
191. *avoir des sautes d'humeur* - ter muitos caprichos
192. *l'avoir sec* - ter muita contrariedade, ter muito aborrecimento
193. *avoir son siège fait* - persistir numa ideia, não mudar de opinião, fincar o pé
194. *ne pas avoir un sou vaillant* - não ter um tostão
195. *en avoir soupé* - estar cheio, farto
196. *avoir de la température* - ter febre
197. *avoir fait son temps* - ter encerrado sua carreira, já ter dado o que tinha que dar
198. *avoir du panache* - ter brio, ter brilho
199. *avoir plus d'un tour dans son sac* - ter muita habilidade, ser astucioso, ser cheio de truques
200. *avoir du pain sur la planche* - ter recursos, ter reservas guardadas para o futuro
201. *il y a gros à parier que* - a gente pode apostar que, é quase certo que
202. *ne pas avoir inventé la poudre* - ser pouco inteligente
203. *avoir voix au chapitre* - ter voz ativa, ter o direito de dar sua opinião, de falar
204. *n'avoir ni son ni maille* - não ter um tostão
205. *avoir le compas dans l'oeil* - calcular com exatidão as dimensões sem as medir, ter um bom olho
206. *avoir son compte* - ser morto, receber um golpe mortal; estar completamente embriagado
207. *avoir du piston* - ter pistolão, ter proteção
208. *avoir une place au soleil* - ter um lugar ao sol

209. *avoir la gueule de bois* - ter uma ressaca
210. *avoir la guigne* - não ter sorte, estar com urucubaca, ter pé-frio
211. *avoir toute honte bue* - não ter pudor, não ter vergonha
212. *avoir les jambes en parenthèses* - ter as pernas tortas
213. *avoir l'âme chevillée au corps ou avoir le corps chevillé à l'âme* - ter a vida dura, escapar de uma doença grave, de um acidente, ser duro na queda
214. *il n'y a que le premier pas qui coûte* - o mais difícil é começar
215. *avoir une peur bleue* - ter um medo horrível, ter um medo de se pelar
216. *avoir le physique du rôle* - ter o físico apropriado ao papel que representa numa peça teatral, num filme, numa novela etc.
217. *avoir la figure en marmelade* - estar com o rosto todo machucado
218. *en avoir marre* - estar farto, cheio
219. *il n'y a pas mèche* - não há meio, não há jeito, não dá pé
220. *avoir une mémoire de lièvre* - ter má memória
221. *en avoir vu bien d'autres* - já ter visto outros casos iguais, já ter passado por coisa pior

Être (ser, estar, existir)

1. *être à* - pertencer a
2. *ainsi soit-il* - assim seja (no final de uma prece, oração)
3. *comme si de rien n'était* - com indiferença, como se nada fosse
4. *en être/être de* - fazer parte de
5. *est-ce que* - serve para introduzir perguntas, não significa nada
6. *ne pas y être* - enganar-se, não compreender
7. *y être pour quelque chose* - ter sua parte de responsabilidade
8. *n'y être pour rien* - não ter nada com isso
9. *en être pour son argent* - ter feito despesas em vão
10. *être à quelqu'un* - estar à sua disposição
11. *être pour* - preferir, adotar o partido de
12. *être sans* - ser privado de
13. *être sur une affaire* - ocupar-se disso
14. *être tout à quelque chose* - estar inteiramente ocupado com alguma coisa
15. *il n'en est rien* - isto é falso, não é assim, não é nada disso
16. *il n'est que de* - basta
17. *j'y suis* - eu compreendo, eu adivinho
18. *n'est-ce pas?* - não é?

19. *y être pour quelque chose* - ter sua parte de responsabilidade num caso
20. *toujours est-il que* - em todo caso, de qualquer maneira, o certo é que
21. *on ne peut pas être et avoir été* - a velhice é inevitável
22. *ne savoir où l'on en est* - estar muito atrapalhado, não saber a quantas anda
23. *il en est de même de tout le reste* - é tudo a mesma coisa
24. *tu n'es pas sans savoir* - você não ignora sem dúvida
25. *c'est selon* - é conforme
26. *Ça y est!* - Pronto! Aí está!
27. *cela n'est pas* - isto não é verdade, não é bem assim
28. *être après quelqu'un* - andar sempre atrás, importunar
29. *être à même de* - ser capaz de, estar em condições de
30. *il est des gens* - há pessoas
31. *ne fut-ce que* - quando mais não fosse
32. *être aux abois* - estar na rua da amargura, estar numa situação de desespero
33. *être rond en affaires* - ser franco, ser decidido, ser positivo
34. *être à l'affût* - estar à espreita
35. *être entre deux âges* - ser de meia-idade, já ter certa idade
36. *être aux aguets* - estar à espreita, estar prevenido
37. *ce n'est pas un aigle* - não é um gênio, não é uma pessoa muito inteligente
38. *être libre comme l'air* - ser livre como um pássaro
39. *être l'âme damnée de quelqu'un* - ser cegamente dedicado a alguém
40. *être aux anges* - estar extasiado, estar encantado
41. *être plein aux as* - ser podre de rico
42. *être un as* - ser um ás, ser exímio
43. *en être baba ou en rester baba* - estar embasbacado, ficar pasmo
44. *être dans le bain* - estar metido no negócio, estar envolvido num caso
45. *être bien balancé* - ser esbelto, ter um corpo bem-feito
46. *être du dernier bien avec quelqu'un* - ser amigo íntimo de alguém
47. *en être bleu, en rester bleu* - estar muito espantado, ficar bobo de ver
48. *ne pas être de bois* - não ser de ferro
49. *être à bout* - estar esgotado, estar muito cansado
50. *être en butte à* - estar exposto a, estar sujeito a
51. *être un peu fort de café* - ser inadmissível, ser inacreditável
52. *être calé* - conhecer bem, saber muito, ser um crânio
53. *être aux cent coups* - estar atordoado, indignado
54. *être bien en chair* - ser gorducho

55. *être assis entre deux chaises* - estar numa situação precária, estar num dilema
56. *être sur des charbons* - estar numa situação difícil, crítica, pisar em brasa
57. *être dans les choux* - fracassar, dar com os burros n'água
58. *être ravi au septième ciel* - estar nas nuvens
59. *être cinglé* - estar louco, maluco
60. *être dans le cirage* - estar chocado, estar desesperado
61. *être coincé* - ficar encurralado
62. *être la coqueluche de quelqu'un* - ser o favorito de alguém
63. *être à la côte* - estar sem dinheiro, sem recursos
64. *être dans le coup* - estar metido num negócio, estar a par de um segredo, estar por dentro
65. *être à cran* - estar muito irritado, estar uma fera
66. *être à ramasser à la petite cuillère* - estar caindo aos pedaços, estar arrebentado, estar pregado
67. *ce n'est pas demain la veille* - e não haverá de ser amanhã, ainda vai demorar muito
68. *être sur les dents* - estar exausto, estar com a língua de fora
69. *être criblé de dettes* - estar cheio de dívidas, estar endividado até a raiz dos cabelos
70. *être le dindon de la farce* - ser vítima de uma brincadeira de mau gosto
71. *être dingue ou être dingo* - ser louco
72. *être comme les deux doigts de la main* - ser amigos íntimos, ser unha e carne com
73. *être dans de beaux draps* - estar em maus lençóis
74. *être sous les drapeaux* - prestar o serviço militar, estar em serviço ativo no exército
75. *être logé à la même enseigne* - estar no mesmo barco, passar pelas mesmas dificuldades
76. *être sur des épines* - estar numa situação espinhosa
77. *être tiré às quatre épingles* - estar muito bem vestido
78. *être dans tous ses états* - estar muito agitado, estar alvoroçado
79. *être né sous une bonne/une mauvaise étoile* - ter sorte, ter estrela/não ter sorte, ter má estrela
80. *être à l'étroit* - morar num cubículo, num lugar muito apertado
81. *être la fable* - ser objeto de escárnio
82. *être sûr de son fait* - estar certo do que diz
83. *être féru de* - ser apaixonado por, ser louco por, ser fanático por
84. *être à la fête* - estar muito contente, estar muito feliz
85. *ne pas être à la fête* - estar numa situação nada boa
86. *être entre deux feux* - estar entre dois fogos

87. *être dur de la feuille* - ser surdo, ser duro de ouvido

88. *être fils de ses œuvres* - fazer-se por si mesmo, ter alcançado uma boa situação sem depender das outras pessoas

89. *être fixé sur quelqu'un* - já ter uma ideia formada sobre alguém, já saber com quem está lidando

90. *être frit/être flambé* - estar perdido, estar frito

91. *être sur le flanc* - estar acamado, estar extenuado, estar pregado

92. *être fou à lier* - ser louco varrido

93. *en être pour ses frais* - não obter qualquer compensação, qualquer lucro, perder tempo

94. *être girond(e)* - ter boa aparência, ser bonito(a)

95. *être en goguette* - estar alegre por ter bebido um pouco

96. *être un(une) pas grand-chose* - não ser grande coisa, não valer nada

97. *être gris* - estar embriagado, estar alto

98. *être né d'hier/n'être pas né d'hier* - ter (não ter) nascido ontem

99. *être vieux jeu* - ser conservador

100. *être à l'ordre du jour* - estar na ordem do dia, estar em pauta

101. *être mieux que jolie* - ser sedutora, ser para lá de bonita

102. *être un peu là* - estar também aí, ter também o seu lugar

103. *en être là* - chegar a isso, chegar a esse ponto

104. *être au bout de son latin* - não saber mais o que dizer, não saber mais o que fazer

105. *être dans la limonade* - trabalhar com bar, ter um bar

106. *être aux premières loges* - ocupar um bom lugar para ver alguma coisa, assistir de camarote

107. *être long à* - custar a, demorar a

108. *être bien loti* - ter muita sorte

109. *être connu comme le loup blanc* - ser muito conhecido, ser conhecido de todos

110. *être bien luné* - estar de bom humor

111. *être passé maître* - ser hábil, ser mestre no assunto

112. *être manche à manche* - estar empatado num jogo, estar pau a pau, estar em pé de igualdade

113. *être mariol* - ser esperto, malicioso

114. *être marri de (seguido de verbo no infinitivo)* - estar desolado por

115. *être marteau* - ser meio pancada

116. *être tout miel et tout sucre* - ser todo amável, ser meloso

117. *ne pas être de mise* - não ficar bem, não ser oportuno, não ser conveniente

118. *être mordu* - estar apaixonado, estar caído por alguém
119. *être en nage* - estar molhado de suor, suar em bicas
120. *être de nature à* - ser capaz de
121. *être noir* - estar embriagado, estar de pileque
122. *être noir de monde* - estar preto de gente, estar apinhado, coalhado de gente
123. *être dans la note* - estar no caminho certo, fazer o que convém
124. *être comme l'oiseau sur la branche* - estar numa situação precária, instável, incerta
125. *être sur la même longueur d'onde* - estar bem sintonizado com uma pessoa
126. *être cousu d'or* - ser muito rico, ser podre de rico
127. *être franc comme l'or* - ser muito franco
128. *être tout oreilles* - ser todo ouvidos, ouvir com muita atenção
129. *être orfèvre (en la matière)* - ser expert no assunto, ser perito, mestre no assunto
130. *être paf* - estar embriagado
131. *être à la page* - estar em dia com tudo, estar a par de tudo
132. *être sur la paille* - estar na maior miséria
133. *être au pair* - ficar hospedado numa casa em troca da prestação de alguns serviços
134. *être réglé comme du papier à musique* - estar muito bem regulado, ser um relógio
135. *être dans les papiers ou dans les petits papiers de quelqu'un* - gozar da estima de alguém, ser caro a alguém, cair no agrado de alguém
136. *être dans une bonne/mauvaise passe* - estar numa boa situação/má situação, estar numa boa/má fase, atravessar uma crise
137. *être en passe de* - estar em condições de, estar em vias de, na iminência de
138. *être patraque* - estar mal de saúde, estar muito doente
139. *être sur le pavé* - estar no olho da rua, estar desempregado
140. *être sur une mauvaise pente* - estar num mau caminho
141. *en être quitte pour la peur* - levar um susto, escapar de um perigo
142. *être vert de peur* - ter muito medo, ficar branco de medo
143. *être bête comme ses pieds* - ser muito idiota, ser burro como uma porta
144. *être sur (ou au) pinacle* - estar numa alta posição
145. *être bas de plafond* - ser pouco inteligente
146. *être à plat* - estar deprimido, estar esgotado, estar na fossa; falando de pneu, significa estar vazio
147. *être pompette* - estar um pouco embriagado
148. *être solide comme le Pont Neuf* - estar muito firme, forte como a Pont Neuf ou como o Pão de Açúcar
149. *être popote* - ser caseiro, viver dentro de casa
150. *être bien portant* - estar bem de saúde

151. *être sourd comme un pot* - ser muito surdo
152. *être comme une poule qui a couvé des oeufs de cane* - estar pasmo
153. *être aux prises avec* - estar em luta com, estar às voltas, estar atormentado por
154. *être en proie à* - estar entregue a, estar às voltas com, estar atormentado por
155. *c'est du propre!* - que bonito, hein? (expressão usada quando se quer desaprovar alguma coisa)
156. *être dans la purée* - estar na miséria, estar atolado
157. *être réduit à quia/être à quia* - meter a viola no saco, ficar embatucado, ficar reduzido a zero
158. *être sur le qui-vive* - estar prevenido, estar alerta, estar de prontidão
159. *en être réduit à* - ser obrigado a, não ter outro recurso senão, ficar reduzido a
160. *si c'était à refaire...* - se eu pudesse começar tudo de novo...
161. *être regardant* - ser econômico, ser muito controlado em matéria de dinheiro
162. *être régence* - ser muito educado, ter maneiras distintas, ser muito fino, distinto
163. *être du ressort de quelqu'un* - ser da alçada, da competência de alguém
164. *être à bout de ressources* - estar à míngua, estar sem recursos
165. *être en reste avec quelqu'un* - dever alguma coisa a alguém, estar em falta com alguém
166. *être sur le retour* - ficar velho, começar a envelhecer
167. *c'est pour rire* - é de brincadeira
168. *le roi n'est pas son cousin* - ele acha que tem um rei na barriga, é muito pretensioso
169. *être bon comme la romaine* - estar frito, estar perdido
170. *être rompu à une chose* - ter muita experiência em alguma coisa, ser especialista em alguma coisa
171. *être rond* - estar embriagado
172. *être bien roulé* - ser esbelto, ter um corpo bem-feito
173. *être au bout de son rouleau* - não ter mais recursos, estar na última lona
174. *être sur le sable* - estar desempregado, estar sem dinheiro
175. *être de saison* - ser oportuno
176. *être hors de saison* - ser inoportuno, não vir ao caso
177. *c'est salé* - é caro, é uma conta salgada
178. *être payé pour le savoir* - conhecer por experiência própria os aborrecimentos, os perigos de uma situação, de uma coisa, estar cansado de saber
179. *être à sec* - não ter mais dinheiro, estar limpo
180. *être malin comme un singe* - ser muito esperto, ser astucioso
181. *être dans ses petits souliers* - estar numa situação difícil, estar em palpos de aranha
182. *être synoque* - ser louco, estar maluco

183. *être sur les talons de quelqu'un* - estar atrás de alguém, estar nos calcanhares de alguém
184. *être piqué de la tarentule* - estar muito excitado, estar com a corda toda
185. *être tombé sur la tête* - estar com a cabeça fora do lugar
186. *être toqué* - ser um pouco perturbado
187. *être dans le train* - estar na moda, estar na onda
188. *être en train* - estar bem-disposto, estar em forma
189. *être à la traîne* - estar atrasado, longe dos outros, ser o lanterninha
190. *être à tu et à toi avec quelqu'un* - ter muita intimidade com alguém, ser muito chegado a alguém
191. *être vanné* - estar esgotado, estafado
192. *être en veine de* - estar disposto a
193. *être dans le vent* - estar na onda, estar na moda
194. *être verni* - ter muita sorte
195. *être en verre* - estar inspirado, estar com a corda toda
196. *être dans les vignes du seigneur* - estar embriagado
197. *être assis sur un volcan* - estar sentado num barril de pólvora, estar diante de um perigo iminente

Jouer (tocar, brincar, representar, jogar)

1. *se jouer* - zombar de alguém, escarnecer, não dar importância, não ligar
2. *faire jouer* - fazer funcionar, pôr em ação
3. *jouer avec sa santé* - brincar com a saúde, cometer imprudências que possam prejudicar a saúde
4. *jouer gros jeu* - jogar grandes somas de dinheiro; arriscar-se muito
5. *jouer la montre* - temporizar; retardar, frear deliberadamente uma ação
6. *cela me (te...) jouera un mauvais tour* - isto vai acabar mal para mim, para você...
7. *en jouer un air* - fugir
8. *envoyer jouer quelqu'un* - repelir alguém brutalmente
9. *faire jouer la corde sensible* - tentar emocionar
10. *faire jouer les grandes eaux* - chorar muito
11. *faire jouer tous les ressorts* - empregar todos os meios para conseguir
12. *jouer à coup sûr* - estar certo de conseguir
13. *jouer à qui perd gagne* - aceitar uma desvantagem aparente para obter um ganho real
14. *jouer au plus fin* - ver quem sai ganhando
15. *jouer cartes sur table* - botar as cartas na mesa, agir com franqueza

16. *jouer de bonheur, de malheur* - ter sorte ou não
17. *jouer de l'oeil, de la prunelle* - piscar o olho
18. *jouer des flûtes/jouer des jambes* - correr, dar no pé
19. *jouer de la fourchette, de la mâchoire* - comer muito
20. *jouer de son reste* - tentar o último recurso, dar a última cartada
21. *jouer des coudes* - abrir caminho a cotoveladas; usar de todos os meios para se fazer um lugar
22. *jouer des poings* - bater-se
23. *jouer la carte de* - apostar em
24. *jouer le tout pour le tout* - arriscar tudo, jogar para ganhar ou perder tudo
25. *jouer les Cassandre* - predizer acontecimentos dramáticos (Cassandre, princesa de Tróia. Apolo lhe deu o dom da profecia mas ela o repeliu, e ele decidiu que ninguém acreditaria nela.)
26. *jouer ripe* - fugir
27. *jouer sa partie* - realizar uma tarefa destinada
28. *jouer serré* - agir com prudência
29. *jouer son va-tout* - tentar sua última chance
30. *jouer sur le velours* - sem riscos
31. *jouer sur les deux tableaux* - cercar pelos dois lados
32. *jouer un tour à quelqu'un* - pregar uma peça em alguém
33. *jouer un personnage* - fingir um comportamento
34. *jouer un rôle* - desempenhar, representar um papel
35. *la partie est jouée* - não há mais nada a fazer
36. *se jouer des difficultés* - superar as dificuldades com facilidade
37. *se jouer des lois* - ignorá-las
38. *jouer au petit soldat* - bancar o esperto
39. *jouer la fille de l'air* - sumir de vista
40. *jouer sus les mots* - fazer trocadilhos

Voir (ver)

1. *allez voir là-bas si j'y suis* - vá ver se estou na esquina/me deixe em paz
2. *c'est tout vu* - a decisão está tomada
3. *ça n'a rien à voir* - não tem nada a ver, não há relação com
4. *en voir de toutes les couleurs* - sofrer todo tipo de aborrecimentos
5. *faire voir du pays à quelqu'un* - causar muitos aborrecimentos a alguém
6. *je vois!* - posso imaginar!

7. *je voudrais bien voir ça!* - não se trata disso!
8. *n'avoir rien vu* - não conhecer nada
9. *n'y voir que du feu/du bleu/du brouillard* - não perceber nada
10. *ne pas voir plus loin que le bout de son nez* - não ter discernimento
11. *ni vu ni connu* - vai ficar em segredo
12. *va te faire voir (ailleurs)!* - vai passear!/vai para o diabo!/vai embora!
13. *voir petit* - faltar ambição
14. *voir venir quelqu'un/je vous vois venir* - adivinhar suas intenções
15. *voyons!* - ora!
16. *en voir de grises, en faire voir de grises* - ter grandes contrariedades, dar muita dor de cabeça a alguém
17. *voir de quel bois quelqu'un se chauffe* - conhecer a capacidade de alguém, ver com quantos paus se faz uma canoa
18. *voir du pays* - viajar, conhecer muitos lugares
19. *voir en rose ou voir la vie en rose* - ver tudo cor-de-rosa
20. *voir grand* - ter grandes projetos, fazer grandes planos
21. *voir venir le grain* - pressentir um aborrecimento, um perigo
22. *voir le fond du sac* - desvendar o segredo de alguma coisa, penetrar no fundo de uma questão
23. *ne rien voir que par le trou d'une bouteille* - ter uma visão estreita e mesquinha, ser bitolado, ter viseiras
24. *je demande à voir!* - só vendo! (exprime dúvida)
25. *j'en ai vu bien d'autres* - vi coisas piores/passei por coisas piores
26. *laisser voir* - dar a entender
27. *on va voir ce qu'on va voir* - prestem atenção!

Vamos estudar agora as expressões mais usuais com substantivos e adjetivos.

Le jour (o dia)

1. *à chaque jour suffit sa peine* - não se deve se preocupar inutilmente com o futuro
2. *à jour* - em ordem
3. *attenter à ses jours* - suicidar-se
4. *au grand jour* - abertamente, às claras, em pleno dia
5. *au jour le jour* - de maneira regular, sem se preocupar com o dia seguinte
6. *avoir son jour* - vencer, receber na data certa

7. *beau comme le jour* - de uma beleza pura
8. *clair comme le jour* - muito evidente
9. *comme le jour et la nuit* - diz-se de duas coisas ou de duas pessoas muito diferentes
10. *couler des jours heureux* - levar uma vida agradável
11. *d'un jour* - breve, curto
12. *d'un jour à l'autre* - de um dia para o outro
13. *de jour en jour* - pouco a pouco
14. *de nos jours* - atualmente
15. *de tous les jours* - habitual
16. *donner le jour à* - dar à luz
17. *du jour* - atual
18. *du jour au lendemain* - de repente
19. *en d'autres jours* - numa outra época
20. *être dans son, dans un bon jour* - estar de bom humor
21. *exposer au grand jour* - divulgar
22. *il y a beaux jours* - há muito tempo
23. *jour à jour* - progressivamente
24. *jour après jour* - de maneira regular
25. *jour pour jour* - exatamente
26. *l'autre jour* - ultimamente
27. *les beaux jours* - a primavera
28. *les jours avec, sans* - os dias em que as coisas vão bem, vão mal
29. *long comme un jour sans pain* - diz-se de uma coisa aborrecida que parece não ter fim
30. *mettre à jour* - pôr em ordem, pôr em dia, atualizar
31. *mettre au jour* - criar, descobrir, divulgar
32. *Paris ne s'est pas fait en un jour* - os empreendimentos importantes demandam tempo
33. *percer quelqu'un à jour* - adivinhar suas intenções
34. *prendre jour* - fixar uma data
35. *se faire jour* - se manifestar
36. *ses jours sont comptés* - ele vai morrer em breve
37. *un jour ou l'autre* - numa data indeterminada
38. *vivre au jour le jour* - viver de modo despreocupado
39. *voir le jour* - nascer; ser publicado
40. *au petit jour* - ao amanhecer
41. *demain, il fera jour* - é preciso esperar para agir
42. *de jour* - de dia, durante o dia, diurno

43. *nuit et jour, jour et nuit* - sem parar, continuadamente
44. *c'est du tous les jours* - é um fato comum, corriqueiro
45. *jour ouvrable* - dia útil
46. *tous les deux jours* - dia sim, dia não

Le jeu (jogo, brincadeira)

1. *abattre son jeu* - revelar as intenções
2. *avoir beau jeu* - estar numa situação favorável
3. *avoir beau jeu de faire quelque chose* - fazê-lo facilmente
4. *avoir des atouts dans son jeu* - ter chances de sucesso
5. *cacher son jeu* - dissimular suas intenções
6. *c'est son jeu* - é do seu interesse
7. *c'est un jeu (d'enfant)* - é fácil
8. *c'est un jeu joué* - disfarce, fingimento
9. *ce n'est pas du jeu* - não está nas regras, não estava na escrita, não vale
10. *d'entrée de jeu* - desde o início
11. *de bon jeu* - honestamente
12. *donner beau jeu à quelqu'un* - ajudar alguém a conseguir
13. *donner du jeu/laisser du jeu* - conceder liberdade de ação
14. *entrer dans le jeu de quelqu'un* - apoiar alguém
15. *entrer en jeu* - intervir
16. *être à deux de jeu* - se prejudicar reciprocamente
17. *être en jeu* - estar em jogo, estar comprometido
18. *être vieux jeu* - ter hábitos antiquados
19. *faire le jeu de quelqu'un* - servir os interesses de, passar por trouxa
20. *jeu de mots* - trocadilho
21. *jeux de la nature* - caprichos da natureza
22. *jouer franc jeu* - agir com lealdade
23. *jouer gros jeu* - tomar grandes riscos
24. *jouer le jeu* - respeitar as regras
25. *jouer le grand jeu* - fazer todos os esforços para conseguir
26. *jouer un double jeu* - não agir com lealdade, fazer jogo duplo, jogar com pau de dois bicos
27. *jouer un jeu serré* - agir prudentemente
28. *le jeu n'en vaut pas la chandelle* - gastar cera com defunto que não vale nada, não compensa o trabalho que dá

29. *les jeux sont faits* - a sorte está lançada, não se pode voltar atrás
30. *lire dans le jeu de quelqu'un* - adivinhar suas intenções
31. *mettre en jeu* - pôr em jogo, arriscar
32. *par jeu* - de brincadeira
33. *se piquer au jeu* - apaixonar-se por alguma coisa, obstinar-se
34. *tirer son épingle du jeu* - livrar-se de boa, de apuros

Le point (o ponto)

1. *à point* - no ponto (cozimento), a propósito
2. *à point nommé* - no momento exato
3. *au dernier point* - extremamente
4. *compter les points* - assistir a um confronto sem participar dele
5. *de point en point* - exatamente
6. *donner des points à quelqu'un* - ser superior a alguém
7. *en tout point* - completamente
8. *être au point mort* - estar parado, estar em ponto morto
9. *faire le point* - fazer o balanço de uma situação
10. *jusqu'à un certain point* - parcialmente
11. *mal en point* - doente, em estado lastimável
12. *marquer un point* - ganhar uma vantagem
13. *mettre au point* - regular (mecanismo), levar algo ao seu ponto de perfeição; dar os esclarecimentos necessários
14. *mettre les points sur les "i"* - explicar com detalhes e com firmeza, pôr os pingos nos "is"
15. *point à la ligne* - diz-se para passar de uma coisa para outra; ponto, parágrafo
16. *point chaud* - lugar onde se corre o risco de haver um conflito
17. *point d'interrogation* - pergunta sem resposta
18. *point de chute* - lugar onde se para
19. *point de répère* - ponto de referência
20. *point faible* - ponto fraco
21. *point par point* - sucessivamente
22. *point sensible* - ponto fraco de alguém
23. *travail au petit point* - trabalho minucioso
24. *être sur le point de* - estar prestes a, a ponto de, quase
25. *le point du jour* - o romper do dia
26. *un point c'est tout!/point barre!* - fim de papo!/ponto final!/PT saudações!

27. *points de suspension* - reticências
28. *point d'honneur* - questão de honra
29. *rendre des points* - conceder uma vantagem, dar vantagem, dar de lambuja

Le pain (pão)

1. *pour un morceau de pain* - por quase nada
2. *bon comme le pain* - bom como o pão, bom demais
3. *long comme un jour sans pain* - extremamente longo e aborrecido
4. *faire passer le goût du pain à quelqu'un* - fazer morrer alguém
5. *avoir du pain sur la planche* - ter muito trabalho em perspectiva, não ter mãos a medir
6. *en pain de sucre* - de forma cônica, muito alongada
7. *pain des anges* - eucaristia
8. *pain de vie* - a palavra de Deus
9. *pain des forts* - graça de Deus
10. *pain bénit* - pão bento
11. *c'est pain bénit!* - é bem-merecido! bem-feito!
12. *pain perdu* - rabanada
13. *mettre au pain sec* - deixar a pão e água, ser punido
14. *à la mie de pain* - medíocre
15. *avoir du pain cuit (sur la planche)/avoir son pain cuit* - ter do que viver sem trabalhar
16. *cela ne mange pas de pain* - não se gasta nada/não custa nada/não tem consequências embaraçantes
17. *Coller, foutre un pain à quelqu'un* - dar um golpe em alguém
18. *ôter, enlever le pain de la bouche à quelqu'un*- privar alguém do necessário
19. *gagner son pain à la sueur de son front* - ganhar a vida trabalhando muito, duramente
20. *grossier comme du pain d'orge* - muito grosseiro
21. *manger son pain blanc le premier* - começar pelo mais agradável
22. *je ne mange pas de ce pain-là* - não sou disso não, não é do meu feitio, não é a minha
23. *perdre le goût du pain* - morrer
24. *pour une bouchée, un morceau de pain* - por um preço mínimo, a preço de banana
25. *promettre plus de beurre que de pain* - prometer mil e uma coisas
26. *recevoir un pain* - receber um golpe
27. *rompre le pain avec quelqu'un* - compartilhar amigavelmente sua refeição com alguém
28. *se vendre comme des petits pains, des petits pâtés* - vender-se em grande quantidade, facilmente
29. *une planche à pain* - uma mulher muito magra, magra como uma tábua

30. *il a le pain et le couteau* - ele está com a faca e o queijo na mão

Bon (bom)/bonne (boa)

1. *vous en avez de bonnes* - você está brincando/você tem cada uma...
2. *sentir bon (ça sent bon!)* - cheirar bem
3. *tenir bon* - resistir, aguentar firme
4. *pour de bon* - no duro, para valer
5. *à quoi bon?* - para que serve (isso)?/a troco de quê?
6. *il est bon à rien/il n'est pas bon à grand-chose* - é um inútil/não presta para nada
7. *une bonne fois* - de uma vez por todas
8. *à quelque chose malheur est bon* - há males que vêm para o bem
9. *faire bonne mesure* - ser generoso
10. *la bailler bonne/belle à quelqu'un* - querer zombar de ou tapear alguém
11. *ne pas être bon pour* - recusar
12. *un bon vivant* - uma pessoa que vê o lado bom da vida
13. *il y a du bon* - há pontos positivos
14. *à la bonne* - do lado bom
15. *avoir quelqu'un à la bonne* - ter simpatia por alguém
16. *il fait bon* - faz bom tempo, é agradável
17. *mettre quelqu'un sur le bon pied* - obrigar alguém a cumprir seu dever; colocar alguém numa posição vantajosa
18. *comme bon vous semble* - como lhe parecer melhor, como lhe aprouver
19. *à la bonne franquette* - com toda franqueza, sem fazer cerimônia
20. *tout cela est bel et bon, mais...* - está tudo muito bem, mas...
21. *bon bec* - bom papo, conversador
22. *bon débarras!* - que alívio!/até que enfim!
23. *bon enfant* - afável, bonachão
24. *bon gré, mal gré* - ou por bem ou por mal/quer queira quer não
25. *de bonne guerre* - com todo o direito, com lealdade
26. *bon mot* - tirada espirituosa
27. *pour le bon motif* - com a intenção de se casar
28. *bonne âme* - boa alma, bom sujeito, alma piedosa
29. *une bonne fourchete* - um bom garfo, um comilão
30. *une bonne pâte* - um bonachão, uma boa pessoa, boa-praça
31. *une bonne soeur* - uma irmã de caridade

32. *bon sang ne peut mentir* - não negar a raça, ter as mesmas boas qualidades de seus ascendentes

Le bout (extremidade, ponta, pedaço)

1. *à bout portant* - à queima-roupa
2. *à tout bout de champ* - sem parar
3. *aller vent de bout* - encontrar obstáculos
4. *au bout de* - depois
5. *au bout de compte* - no final das contas
6. *avoir quelque chose sur le bout de la langue* - está na ponta da língua
7. *bout de chou* - criancinha
8. *brûler la chandelle par les deux bouts* - gastar muito
9. *c'est le bout du monde* - é o máximo, é quanto pode valer
10. *ça fait un bout* - faz muito tempo
11. *ce n'est pas le bout du monde* - não é o fim do mundo/não há dificuldade
12. *d'un bout à l'autre* - do início ao fim, de cabo a rabo
13. *de bout en bout* - completamente, de um extremo a outro
14. *discutir le bout de gras* - ter uma conversa animada
15. *du bout des dents, des lèvres* - a contragosto
16. *économies de bouts de chandelles* - economias insignificantes
17. *en connaître un bout* - ser expert num assunto
18. *être à bout/être à bout de souffle* - estar esgotado, exausto
19. *être au bout du rouleau* - não poder mais/estar mais para lá do que para cá
20. *joindre, nouer les deux bouts* - equilibrar o orçamento, conseguir acabar o mês
21. *jusqu'au bout* - até o último limite
22. *jusqu'au bout des doigts* - totalmente
23. *mettre les bouts (de bois)* - fugir, ir embora
24. *montrer le bout de l'oreille/de son nez* - aparecer, deixar ver as intenções, trair-se
25. *par quel bout?* - de que maneira?
26. *pousser quelqu'un à bout* - fazer alguém perder a paciência, exasperar-se
27. *prendre par le bon bout* - agir com habilidade
28. *s'en aller par petits bouts* - degradar-se
29. *savoir sur le bout des doigts* - perfeitamente, saber na ponta da língua
30. *sur le bout des fesses* - numa atitude constrangida
31. *tenir le bon bout* - estar a ponto de conseguir
32. *un bon bout de temps* - um tempo muito longo

33. *venir à bout de quelqu'un* - vencê-lo, triunfar de
34. *venir à bout de quelque chose* - terminá-lo apesar das dificuldades
35. *voir le bout du tunnel* - sair de uma situação difícil
36. *mener par le bout du nez* - levar pelo cabresto
37. *on ne sait par quel bout le prendre* - ele tem um temperamento difícil
38. *petit bout* - garotinho, garotinha

Todos sabemos que há ainda centenas de outras expressões. Procurei elencar as principais, as mais empregadas.

Compartilho com vocês as minhas fontes de pesquisa e também o site www.expressio.fr, no qual poderão encontrar as referências que não constam aqui.

· ASHRAF, Mahtab & Miannay, Denis. Dicitionnaire des expressions idiomatiques. Paris: Librairie Générale Française, 2007
· CAMPOS, Aluizio Mendes. Dicionário francês-português de locuções. São Paulo: Ática, 1980
· Dictionnaire Hachette, 2006
· Dictionnaire Larousse, 2005
· Dictionnaire Le Petit Robert
· RÓNAI, Paulo. Dicionário francês-português-francês. Rio de Janeiro: Lexikon Editora Digital, 2007
· RY, Alain & CHANTREAU, Sophie. Dictionnaire des expressions et locutions. Paris, 1997
· MATTOS, João Paulo Juvena & BRETAUD, Robert. Dicionário de idiomatismos. Rio de Janeiro: Marques Saraiva, 1990
· Website: www.expressio.fr

CAPÍTULO 3

Provérbios franceses e frases usuais cotidianas e seus correspondentes em português

1. *Abondance de biens ne nuit pas.*
– O que abunda não prejudica.
2. *Un mauvais accommodement vaut mieux qu'un bon procès.*
– Mais vale um mau acordo do que uma boa demanda.
3. *Adieu paniers, vendanges sont faites.*
– Agora é tarde, Inês é morta.
4. *Advienne que pourra.*
– Aconteça o que acontecer.
5. *Il vaut mieux avoir affaire à Dieu qu'à ses saints.*
– O que há de se pedir aos santos peça-se a Deus.
6. *Les affaires sont les affaires.*
– Negócio é negócio.
7. *Qui aime bien châtie bien.*
– Quem ama castiga.
8. *L'air ne fait pas la chanson.*
– As aparências enganam./O hábito não faz o monge.
9. *On ne peut pas avoir toutes ses aises.*
– Não se pode ter tudo (que se deseja).
10. *Qui va doucement va loin.*
– Devagar se vai ao longe.
11. *Attendre que les alouettes lui tombent toutes rôties.*
– Esperar que as coisas caiam do céu.
12. *On connaît ses amis dans le besoin.*
– Na adversidade é que se conhecem os amigos.
13. *Vieille amitié ne craint rouille.*
– Amizade velha não cria ferrugem.

14. *Il n'y a point de laides amours.*
- Quem ama o feio bonito lhe parece.
15. *Il n'y a que l'âne qui sente où le bât le blesse.*
- Cada um sabe de si./Cada um sabe onde o sapato lhe aperta.
16. *Il y a anguille sous la roche.*
- Aqui tem dente de coelho.
17. *Être trop vieux poisson pour mordre à l'appât.*
- Macaco velho não põe a mão em cumbuca.
18. *L'appétit est le meilleur cuisinier.*
- A fome é o melhor tempero.
19. *L'appétit vient en mangeant.*
- No comer e no coçar a questão é começar.
20. *Entre l'arbre et l'écorce il ne faut pas mettre le doigt.*
- Em briga de marido e mulher não se mete a colher.
21. *Il ne faut pas juger l'arbre par l'écorce.*
- Não se deve julgar pelas aparências.
22. *L'argent est un bon passe-partout./L'argent ouvre toutes les portes.*
- O dinheiro abre todas as portas.
23. *Qu'arrive ce qui doit arriver.*
- Aconteça o que acontecer.
24. *On ne change pas d'attelage au milieu du gué.*
- Não se muda o general no meio da batalha.
25. *Un barbier rase l'autre.*
- Uma mão lava a outra.
26. *C'est sa basse continue.*
- Não sabe falar de outra coisa.
27. *On ne saurait manier du beurre qu'on ne s'en graisse les doigts.*
- Quem nunca comeu melado quando come se lambuza.
28. *Chacun bride sa bête.*
- Cada qual vive a seu modo.
29. *Bien mal acquis ne profite jamais.*
- Quem o alheio veste na praça o despe.
30. *Grand bien vous fasse!*
- Faça bom proveito!
31. *Nul bien sans peine.*
- Nada se alcança sem trabalho.

32. *Il y a du monde au balcon.*
– Que busto volumoso!/Que peitos!
33. *Glisser une peau de banane.*
– Passar a perna em alguém.
34. *Ça va barder!*
– Vai dar encrenca!/O pau vai quebrar!
35. *Bas de laine*
– Pé-de-meia (economias).
36. *Il faut arroser ça!*
– Vamos comemorar isso!
37. *...et tout le bataclan!/...et tout le bazar!*
– ...e todo o resto!/...e tudo o mais!
38. *L'échapper belle.*
– Escapar por um triz.
39. *Arrête ton char, Ben-Hur!*
– Pare de dizer bobagens!/Sossegue, leão!
40. *Être un gros bêta.*
– Ser uma besta quadrada.
41. *S'embarquer sans biscuit.*
– Embarcar em canoa furada.
42. *Je ne peux pas le blairer!*
– Não o suporto!
43. *C'est bonnet blanc et blanc bonnet.*
– É a mesma coisa./Dá no mesmo.
44. *Dire blanc, répondre noir.*
– Dizer uma coisa e fazer outra.
45. *À vouloir blanchir la tête d'un nègre on perd sa lessive.*
– Gastar cera com defunto que não vale nada.
46. *Manger son blé en herbe.*
– Gastar o que não ganhou, gastar mais do que ganha.
47. *Il m'en a fait voir de bleues.*
– Ele me causou muitos desgostos.
48. *Ça fait mon blot.*
– Isso me serve.
49. *Mettre la charrue devant les boeufs.*
– Pôr o carro na frente dos bois.

50. *Qui a bu boira; qui a volé volera.*
- Cesteiro que faz um cesto faz um cento.
51. *Boire comme un templier, comme un sonneur, comme un Polonais, comme une éponge.*
- Beber muito.
52. *Qui fait la faute la boit.*
- Quem boa cama fizer nela se deitará.
53. *C'est la mer à boire.*
- É coisa difícil.
54. *Le vin est tiré, il faut le boire.*
- O que não tem remédio remediado está.
55. *Faire flèche de tout bois.*
- Lançar mão de todos os meios.
56. *Le bois tordu fait le feu droit.*
- Deus escreve certo por linhas tortas./De pequenino é que se torce o pepino.
57. *On va voir de quel bois je me chauffe.*
- Vão ver com quem se meteram./Vão ver com quantos paus se faz uma canoa.
58. *Il ne faut pas clocher devant les boîteux.*
- Em casa de enforcado não se fala em corda.
59. *En avoir ras le bol!*
- Estar cheio!
60. *Ne te casse pas le bol!*
- Não ligue para isso!/Não esquenta!
61. *Bon chien chasse de race./Bon sang ne saurait mentir.*
- Quem sai aos seus não degenera./Filho de peixe peixinho é.
62. *Prendre (saisir) la balle au bond.*
- Aproveitar a deixa, a ocasião.
63. *Jeter son bonnet.*
- Entregar os pontos, dar-se por vencido.
64. *Jeter son bonnet par-dessus les moulins.*
- Agir sem se preocupar com a opinião dos outros.
65. *Parler à son bonnet.*
- Falar com seus botões.

Observação:
le bonnet - o gorro
le béret – a boina
la casquette - o boné

66. *Trouver une chose sous son bonnet/la tirer de son bonnet.*
- Inventar uma coisa.
67. *Un gros bonnet.*
- Um figurão.
68. *Il y a anguille sous roche.*
- Tem dente de coelho.
69. *Faire danser l'anse du panier.*
- Roubar nas contas da feira.
70. *Mettre du beurre dans les épinards.*
- Melhorar de situação.
71. *Il vaut mieux se tenir au gros de l'arbre qu'aux branches.*
- O que há de se pedir aos santos peça-se a Deus.
72. *Tout ce qui branle ne tombe pas.*
- Nem tudo que balança cai.
73. *À brebis tondue Dieu mesure le vent.*
- Deus dá o frio conforme a roupa.
74. *Il ne faut qu'une brebis galeuse pour infester le troupeau.*
- A má ovelha põe o rebanho a perder.
75. *Qui se fait brebis le loup le mange.*
- Quem se faz de mel as moscas o lambem.
76. *Aussitôt dit aussitôt fait.*
- Dito e feito.
77. *Savoir où le bât blesse.*
- Saber onde o sapato aperta.
78. *Quand le bâtiment va, tout va.*
- Quando a indústria da construção prospera, tudo vai bem.
79. *Cela est bientôt dit.*
- É mais fácil dizê-lo que fazê-lo.
80. *De but en blanc.*
- À queima-roupa.
81. *Blocage des prix.*
- Congelamento dos preços.
82. *En avoir ras le bol.*
- Estar cheio.

83. *Au petit bonheur.*
- Ao acaso.
84. *C'est le bouquet.*
- É o cúmulo./Era só o que faltava.
85. *Comme ci comme ça.*
- Mais ou menos.
86. *C'est le cadet de mes soucis.*
- É o que menos me preocupa.
87. *Lever le camp./Foutre le camp.*
- Dar o fora.
88. *La caque sent toujours le hareng.*
- Pau que nasce torto nunca se endireita.
89. *Nul n'est censé ignorer la boi.*
- Ninguém pode ser tido por ignorante da lei.
90. *Battre la chamade.*
- Ficar perturbado.
91. *Chat échaudé craint l'eau froide.*
- Gato escaldado tem medo de água fria.
92. *À bon chat bon rat.*
- Quem dá também apanha./A resposta está à altura da pergunta.
93. *Appeler un chat un chat.*
- Dar nome aos bois.
94. *Avoir d'autres chats à fouetter.*
- Ter mais o que fazer.
95. *Bâtir des châteaux en Espagne.*
- Erguer castelos de areia.
96. *Y aller par quatre chemins.*
- Deixar de rodeios, falar português claro.
97. *Ménager la chèvre et le chou.*
- Contentar gregos e troianos.
98. *Bon chien chasse de race.*
- Quem sai aos seus não degenera.
99. *Je lui garde un chien de ma chienne.*
- Não perde por esperar.
100. *Recevoir comme un chien dans un jeu de quilles.*
- Receber com quatro pedras na mão.

101. *En cinq sec.*
- Muito rapidamente.
102. *Emporter ses cliques et ses claques.*
- Levar todos os seus pertences.
103. *Qui n'entend qu'une cloche n'entend qu'un son.*
- Quem só ouve uma das partes só sabe parte da verdade.
104. *Nous n'avons pas gardé les cochons ensemble.*
- Não sou da sua laia.
105. *C'est tout comme.*
- É a mesma coisa.
106. *Je ne le connais ni d'Ève ni d'Adam.*
- Nunca o vi mais gordo.
107. *Vivre comme un coq en pâte.*
- Ser mimado, estar como peixe na água.
108. *Avoir plusieurs cordes à son arc.*
- Ser homem de sete instrumentos.
109. *Les cordonniers sont les plus mal chaussés.*
- Casa de ferreiro, espeto de pau.
110. *Élever dans du coton.*
- Criar com mimo.
111. *Filer un mauvais coton.*
- Estar com a saúde comprometida ou em situação perigosa.
112. *Se la couler douce.*
- Ter sombra e água fresca.
113. *Avaler des couleuvres.*
- Engolir sapos, sofrer humilhações.
114. *Pendre la cremaillère.*
- Inaugurar a nova residência com um jantar, uma festa.
115. *But à but.*
- Pau a pau (forças equilibradas).
116. *Faire le tour du cadran.*
- Dormir doze horas a fio.
117. *Être un peu fort de café.*
- É dose para leão./Ser duro de engolir.
118. *Ce n'était pas dans mon calepin.*
- Por essa eu não esperava.

119. *Fichez-moi le camp.*
- Dê o fora.
120. *Arriver comme mars en carême.*
- Chegar, acontecer inevitavelmente, chegar na hora h.
121. *Jouer cartes sur table.*
- Pôr as cartas na mesa, abrir o jogo.
122. *Entrer (ou sortir) en catimini.*
- Entrar (ou sair) às escondidas, de mansinho.
123. *Il ne lui arrive pas à la cheville/ceinture.*
- Ele não lhe chega aos pés.
124. *Quitter le certain pour l'incertain.*
- Trocar o certo pelo duvidoso.
125. *C'est-à-dire.*
- Quer dizer, isto é.
126. *Chagrin d'autres touche à demi.*
- Pimenta nos olhos dos outros é refresco.
127. *Il y a assez de champ pour faire glane.*
- Há trabalho para todos.
128. *S'en aller (s'éteindre) comme une chandelle.*
- Morrer como um passarinho.
129. *Trouver chaussure à son pied.*
- Achar exatamente o que convém.
130. *C'est moitié chemin de fait.*
- É meio caminho andado.
131. *Qui trop se hâte reste en chemin.*
- Quem tem pressa, logo cansa.
132. *À cheval donné, on ne regarde pas la bride.*
- A cavalo dado não se olham os dentes.
133. *Échanger un cheval borgne contre un aveugle.*
- Passar de cavalo a burro./Pior a emenda que o soneto.
134. *Où la chèvre est liée (attachée) il faut qu'elle broute.*
- Cada um deve se contentar com o que tem.
135. *Faire des chichis.*
- Ter "frescuras", modos afetados.
136. *Jamais bon chien n'aboie à faux.*
- Bom cachorro não ladra em vão.

137. *Je lui garde un chien de ma chienne.*
– Não perde por esperar.
138. *À force de choisir on prend le pire.*
– Quem tudo quer, tudo perde.
139. *À chose faite conseil pris.*
– O que está feito está feito.
140. *Aide-toi et le ciel t'aidera.*
– Deus ajuda a quem se ajuda./Deus ajuda a quem trabalha./Deus ajuda a quem cedo madruga.
141. *On ne peut pas sonner les cloches et aller à la procession.*
– Não se pode fazer duas coisas ao mesmo tempo./Não se pode assobiar e chupar cana.
142. *Un clou chasse l'autre.*
– Ninguém é insubstituível./Uma paixão cura outra.
143. *À moitié fait qui commence bien.*
– Tudo está em começar bem./Bem começado é meio acabado.
144. *Faire la commmission.*
– Dar o recado.
145. *Chacun son compte.*
– Cada um com o que é seu.
146. *Contentement passe richesse.*
– Mais vale um gosto que quatro vinténs.
147. *Ce n'est pas dans mes cordes.*
– Não é da minha alçada.
148. *Danser sur la corde raide.*
– Dançar na corda bamba.
149. *Tout court.*
– Nada mais, e mais nada, sem nada a acrescentar.
150. *Qui frappe du couteau mourra de la lame.*
– Quem com ferro fere com ferro será ferido.
151. *Coûte que coûte.*
– Custe o que custar, a qualquer preço.
152. *Il est coutumier du fait.*
– Ele é useiro e vezeiro nisso.
153. *C'est la crème de la crème.*
– É a fina flor./É o que há de melhor.

154. *Se retourner comme une crêpe.*
- Virar casaca (mudar de opinião).
155. *Tant va la cruche à l'eau qu'enfin elle se brise.*
- Tantas vezes vai o cântaro à fonte até que se quebra.
156. *Chacun a (porte) sa croix ici-bas.*
- Todos têm a sua cruz neste mundo.
157. *Mauvaise herbe croît toujours.*
- Vaso ruim não quebra.
158. *Crier famine sur un tas de blé.*
- Chorar misérias no meio da abundância.
159. *C'est lui tout craché.*
- É ele escrito e escarrado.
160. *C'est son dada.*
- É a sua mania./É a sua ideia fixa.
161. *Danger passé, saint moqué.*
- Só se lembra de tranca depois da casa arrombada.
162. *Demain il fera jour.*
- Não há mal que sempre dure./Vamos deixar para amanhã.
163. *Ne pas en démordre. (Il n'en démord pas!)*
- Não dar o braço a torcer.
164. *Au demeurant.*
- De resto, em suma, não obstante, além disso, pensando bem.
165. *Ne vous en déplaise.*
- Você que me perdoe./Não leve a mal.
166. *C'est à se taper le derrière parterre.*
- É de morrer de rir.
167. *Déshabiller (saint) Pierre pour habiller (saint) Paul.*
- Despir um santo para vestir outro.
168. *N'en faire ni une ni deux.*
- Não pensar duas vezes.
169. *À Dieu ne plaise!*
- Deus me livre!/Deus queira que não!
170. *Dieu donne le froid selon le drap.*
- Deus dá o frio conforme a roupa.
171. *Plaise à Dieu!*
- Queira Deus!

172. *Si Dieu le permet/S'il plaît à Dieu.*
- Se Deus quiser.
173. *Dis-moi qui tu hantes, je te dirai qui tu es.*
- Dize-me com quem andas e eu te direi quem és.
174. *Avoir son dit et son dédit.*
- Dar o dito por não dito.
175. *Donnant donnant.*
- Toma-lá-da-cá; elas por elas.
176. *Qui dort dîne.*
- O sono é alimento./O sono faz esquecer a fome.
177. *Être dans de beaux draps.*
- Estar em maus lençóis.
178. *Il pleut dru.*
- Chove a cântaros.
179. *Cela ne tient pas debout.*
- Isto não faz sentido.
180. *Une histoire à dormir debout.*
- História para boi dormir.
181. *Je vous le demande un peu!*
- Veja se pode!
182. *Se dépatouiller.*
- Safar-se de uma situação difícil.
183. *Ne pas regarder à la dépense.*
- Ser mão-aberta.
184. *Déposer son bilan.*
- Abrir falência.
185. *Au dépourvu.*
- De improviso.
186. *Prendre au dépourvu.*
- Pegar desprevenido.
187. *Dessiller les yeux à.*
- Abrir os olhos de.
188. *Le dessus du panier.*
- A nata, o que há de melhor.
189. *Détournement de mineur.*
- Corrupção de menor.

190. *Détournement d'avion.*
- Sequestro de avião.
191. *Tirer le diable par la queue.*
- Matar cachorro a grito.
192. *Dieu merci!*
- Graças a Deus!
193. *Être le dindon de la farce.*
- Ser o pato da história.
194. *Envoyer dinguer.*
- Mandar plantar batatas.
195. *Faire dodo.*
- Fazer soninho, nanar (linguagem infantil).
196. *Sans doute.*
- Provavelmente.
197. *Sans aucun doute.*
- Sem dúvida alguma.
198. *Planter un drapeau.*
- Sair sem pagar, dar um calote.
199. *Être sous les drapeaux.*
- Prestar serviço militar.
200. *Si on lui donne long comme le doigt il en prend long comme le bras.*
- Se damos o braço, pedem-nos o pé.
201. *Tomber de la poêle dans la braise.*
- Sai da lama para cair no atoleiro./Vai de mal a pior.
202. *La nuit tous les chats sont gris.*
- De noite todos os gatos são pardos.
203. *À bon entendeur, salut.*
- Para bom entendedor meia palavra basta.
204. *On ne donne rien pour rien.*
- Não se prega prego sem estopa.
205. *À brebis tondue Dieu mesure le vent.*
- Deus dá a roupa conforme o frio.
206. *À chacun son dû.*
- A cada um o que lhe é devido.
207. *À chaque oiseau son nid est beau.*
- Quem ama o feio bonito lhe parece.

208. *À force de forger on devient forgeron.*
- Água mole em pedra dura tanto bate até que fura./É na tarimba que se aprende o ofício.
209. *À l'œuvre on connait l'artisan.*
- Pela obra se conhece o artista./Somos julgados pelos nossos atos.
210. *À la griffe on reconnait le lion.*
- Pelo dedo se conhece o gigante.
211. *À la guerre comme à la guerre.*
- Guerra é guerra./É necessário se adaptar às circunstâncias./Em tempo de guerra não se limpam armas.
212. *À l'impossible nul n'est tenu.*
- Ninguém é obrigado a fazer mais do que pode./Ninguém dá o que não tem.
213. *À père avare, fils prodigue.*
- Os filhos têm frequentemente uma atitude inversa à dos pais/A pai avarento, filho pródigo.
214. *À quelque chose malheur est bon.*
- Há males que vêm para o bem.
215. *À sotte demande, point de réponse.*
- A palavras loucas, orelhas moucas.
216. *À tout seigneur, tout honneur.*
- A César o que é de César.
217. *Abondance de biens ne nuit pas.*
- Dinheiro nunca é demais.
218. *Acquiers bonne renommée et dors la grasse matinée.*
- Cria fama e deita-te na cama.
219. *Ce n'est pas aux vieux singes qu'on apprend à faire la grimace.*
- Macaco velho não põe a mão em cumbuca.
220. *Après la pluie le beau temps.*
- Depois da tempestade, a bonança.
221. *Après moi, le déluge.(Louis XV)*
- As consequências não me interessam./Quem vier atrás que feche a porta.
222. *Au besoin on connaît l'ami.*
- Na adversidade é que se conhecem os amigos.
223. *Au bout du fossé, la culbute.*
- Quanto mais alto se sobe, maior o tombo.

224. *Aux grands maux les grands remèdes.*
- Para grandes males, grandes remédios./Situações graves exigem soluções extremas.
225. *Entre deux maux il faut choisir le moindre.*
- Dos males o menor.
226. *Avec du bagout on va partout.*
- Quem tem boca vai a Roma.
227. *Bonne renommée vaut mieux que ceinture dorée.*
- Uma boa reputação vale mais que a (é preferível à) riqueza.
228. *Brebis qui bêle perd sa goulée.*
- Quem fala demais não age./Ovelha que berra bocado perde.
229. *C'est comme les moutons de Panurge.*
- Maria-vai-com-as-outras.

Panurge é um personagem do livro Pantagruel, de François Rabelais [século XVI]. Tendo sido injuriado por Dindonneau, negociante de carneiros [moutons], e querendo vingar-se dele, Panurge, que conhecia o instinto de imitação desses animais, comprou de Dindonneau um carneiro e o atirou ao mar. Os outros carneiros precipitaram-se atrás deste, e Dindonneau foi arrastado pelo último animal, afogando-se com todo o rebanho. A partir disso, a expressão moutons de Panurge passou a designar os que procedem por espírito de imitação.

230. *C'est double plaisir tromper un trompeur.*
- Ladrão que rouba ladrão tem cem anos de perdão.
231. *L'habit ne fait pas le moine./C'est l'habit qu'on salue.*
- O hábito não faz o monge.
232. *C'est une vérité de M. de La Palice.*
- Até aí morreu Neves./Até os cães e os gatos sabem disso. *(Jacques de Chabannes, seigneur de La Palice, maréchal de France, século XVI. Compuseram em sua honra uma canção em que se encontram estes versos: Un quart d'heure avant sa mort/il était encore en vie – Um quarto de hora antes de sua morte,/estava ainda com vida. O que significava que, até a sua última hora, La Palice tinha combatido com bravura. No entanto, pouco a pouco, o sentido desses versos perdeu-se e apenas se reteve uma interpretação engraçada. Daí a expressão vérité [verdade] de La Palice para designar uma verdade evidente, que salta aos olhos de todos.)*
233. *Ce que femme veut, Dieu le veut.*
- O que a mulher quer, Deus o quer./É impossível recusar alguma coisa a uma mulher.

234. *Ce qui tombe dans le fossé est pour le soldat.*
- Coisa perdida não é de ninguém.
235. *Ce qui vient de la flûte s'en va au tambourin/au tambour.*
- O que foi adquirido desonestamente é perdido também desonestamente./Bens de sacristão cantando vêm, cantando vão.
236. *Celui qui donne vite donne deux fois.*
- Quem dá logo, dá duas vezes.
237. *Chacun dans son ménage.*
- Quem casa quer casa.
238. *Chacun pour soi et Dieu pour tous.*
- Cada um por si e Deus por todos.
239. *Chacun prend son plaisir où il le trouve.*
- Cada um se contenta com o que lhe é oferecido./Cada qual diverte-se a seu modo.
240. *Chacun sait où le bât blesse.*
- Cada um sabe onde lhe aperta o sapato.
241. *Chacun son métier et les vaches seront bien gardées.*
- Cada terra com seu uso, cada roca com seu fuso.
242. *Charbonnier est maître chez lui.*
- Em sua casa cada qual é rei.
243. *Ce qu'on apprend dès le berceau dure jusqu'au tombeau.*
- O que o berço dá só a cova o tira.
244. *Chiper n'est pas voler.*
- Furtar não é roubar.
245. *Chose promise, chose due.*
- Promessa é dívida.
246. *Comme on connait ses saints, on les honore.*
- Amarra-se o burro conforme a vontade do dono.
247. *Comme on fait son lit, on se couche.*
- Quem faz boa cama nela se deita./Sua alma, sua palma./As coisas dependem dos cuidados que se toma para executá-las.
248. *Contre la force il n'y a pas de résistance.*
- Contra a força não há resistência.
249. *Corsaires contre corsaires ne font pas leurs affaires.*
- Dois bicudos não se beijam.

250. *Dans le royaume des aveugles, les borgnes sont rois.*
- Em terra de cego quem tem um olho é rei.
251. *Dans les petites boîtes, les bons onguents.*
- Nos pequenos frascos é que se encontram as grandes essências./A qualidade de alguma coisa não tem nada a ver com tamanho.
252. *Défiance est mère de sûreté.*
- A desconfiança é a mãe da segurança.
253. *Des goûts et des couleurs, il ne faut pas discuter.*
- Gosto não se discute.
254. *Deux yeux voient mieux qu'un.*
- Dois olhos enxergam mais que um só.
255. *Dis-moi qui tu hantes, je te dirai qui tu es.*
- Dize-me com quem andas e te direi quem és.
256. *En bouche close n'entre mouche.*
- Em boca fechada não entra mosca.
257. *En demandant, on va à Rome.*
- Quem tem boca vai a Roma.
258. *En temps de guerre le canard a trois ailes.*
- Tempo de guerra, mentira como terra.
259. *Faute de grives on mange des merles.*
- Quem não tem cão caça com gato.
260. *Faute d'un pont, Martin perdit son âne.*
- Basta um tento para se perder um cento.
261. *Honni soit qui mal y pense.*
- Por vil seja tido quem a isso der mau sentido; vergonha sobre quem puser nisso malícia. (Eduardo III, rei da Inglaterra de 1327 a 1377, dançava com a Condessa de Salsbourg quando esta deixou cair uma jarreteira ou liga. O rei apanhou-a e vendo os cortesão rirem-se, disse: *Homni soit que mal y pense, os que hoje se riem ufanar-se-ão, amanhã, de a usar.* E instituiu a Ordem da Jarreteira que os cavaleiros usam na perna esquerda e a rainha no braço atualmente.
262. *Avoir plus d'une corde à son arc.*
- Ter várias aptidões.
263. *Il faut battre le fer pendant qu'il est chaud.*
- É preciso aproveitar enquanto é tempo.
264. *Il faut crier pour qu'on vous entende.*
- Quem não chora não mama.

265. *Il faut danser selon la musique.*
– É preciso dançar conforme a música./Em Roma, viva como os romanos.
266. *Il faut garder une poire pour la soif.*
– É preciso pensar no futuro./É preciso poupar para o que der e vier.
267. *Hurler avec les loups.*
– Ser maria-vai-com-as-outras, não ter opinião própria.
268. *Il faut laver son linge sale en famille.*
– A roupa suja se lava em casa.
269. *Il n'est si petit métier qui ne nourisse son maître.*
– Quem tem boa mão ganha sempre seu pão./Quem tem ofício não morre de fome.
270. *Il n'y a pas de fumée sans feu.*
– Não há fumaça sem fogo.
271. *Il n'y a pas de plaisir sans peine./Nul bien sans peine./Il n'y a pas de rose sans épine.*
– Nada se alcança sem trabalho.
272. *Il n'y a le premier pas qui coûte.*
– O mais difícil é começar./O comer e o coçar estão no começar.
273. *Il n'a pas inventé la poudre.*
– Ele é um tolo.
274. *Il ne faut pas courir deux lièvres à la fois.*
– Dois proveitos não cabem num saco./Quem tudo quer, tudo perde.
275. *Il ne faut pas mettre tous ses oeufs dans le même panier.*
– Não se deve comprometer todos os recursos num mesmo negócio.
276. *Il ne faut pas vendre la peau de l'ours avant de l'avoir tué.*
– Não se deve contar com o ovo da galinha./Não se deve contar vitória antes da batalha.
277. *Il n'est pire eau que l'eau qui dort.*
– Uma calma aparente contém frequentemente grandes perigos. Não mexa com quem está quieto.
278. *Il n'est si bon cheval qui ne bronche.*
– Nada é perfeito.
279. *Il n'y a que la vérité qui blesse.*
– Apenas as censuras justificadas ferem.
280. *Il n'y a si bonne compagnie qui ne se quitte.*
– Não há bem que sempre dure, nem mal que nunca acabe.

281. *Il vaut mieux rire pour chasser le mal.*
- Quem canta seus males espanta.
282. *Il y a loin de la coupe aux lèvres.*
- Há uma distância entre o projeto e sua realização.
283. *Ils sont trop verts et bons pour les goujats.*
- Quem desdenha quer comprar.
284. *Je pense donc je suis.*
- Penso, logo existo.
285. *Je te connais, beau masque!*
- Quem não te conhece que te compre!
286. *Jeux de mains, jeux de vilains.*
- Brincadeiras de mão nunca acabam bem.
287. *L'amitié se paie de la même monnaie.*
- Amor com amor se paga.
288. *L'eau va toujours à la rivière.*
- Os rios correm para o mar.
289. *L'habitude est une seconde nature.*
- O uso do cachimbo faz a boca torta.
290. *L'intention est réputée pour le fait.*
- A intenção é que faz a ação.
291. *L'oisiveté est la mère de tous les vices.*
- A ociosidade é a mãe de todos os vícios.
292. *La faim fait sortir le loup du bois.*
- A fome faz sair o lobo do bosque./A necessidade obriga frequentemente a fazer o que não se tem vontade.
293. *La fin justifie les moyens.*
- O fim justifica os meios.
294. *La fortune sourit aux audacieux.*
- Ao homem ousado a fortuna estende a mão.
295. *La jeunesse n'a qu'un temps.*
- A juventude é uma flor que passa.
296. *La loi est dure, mais c'est la loi.*
- A lei é dura, mas é a lei.
297. *La méfiance est la mère de la sûreté.*
- Seguro morreu de velho.

298. *La nuit porte conseil.*
- Uma boa noite permite tomar uma sábia decisão.
299. *La pelle se moque du fourgon.*
- O roto ri do esfarrapado./Zomba o vesgo do zarolho.
300. *La persévérance vient à bout de tout.*
- A perseverança é a mãe do sucesso.
301. *La vérité sort de la bouche des enfants.*
- Quer saber a verdade? Pergunte às crianças.
302. *Le bien mal acquis ne profite jamais.*
- O que mal se adquire mal se perde.
303. *Le châtiment suit le crime d'un pied boiteux.*
- O castigo tarda mas não falha.
304. *Le jeu n'en vaut pas la chandelle.*
- Não gaste vela com defunto ruim.
305. *Le malheur des uns fait le bonheur des autres.*
- O sucesso de uns exige o fracasso dos outros.
306. *Le mieux est souvent l'ennemi du bien.*
- Querer fazer bem demais traz frequentemente problemas.
307. *Le plus riche en mourant n'emporte qu'un linceul.*
- A morte nivela tudo.
308. *Le renard change de poil, et non de naturel.*
- Pau que nasce torto.../O lobo perde o pelo, mas não perde o vício.
309. *Le roi est mort, vive le roi!*
- Rei morto, rei posto!
310. *Le saint de la paroisse n'est pas prié.*
- Santo de casa não faz milagre.
311. *Le sort en est jeté.*
- A sorte está lançada.
312. *Le vin est tiré, il faut le boire.*
- Não adianta chorar o leite derramado./O que não tem remédio remediado está./É preciso terminar o que se começou.
313. *Les affaires sont les affaires.*
- Amigos amigos, negócios à parte.
314. *Les bons comptes font les bons amis.*
- As boas contas fazem os bons amigos.

315. *Les gros poissons mangent les petits.*
- Os fracos são sempre oprimidos pelos fortes.
316. *Les jours se suivent et ne se ressemblent pas.*
- As circunstâncias variam com os tempos./A vida é uma perpétua mudança.
317. *Les loups ne se mangent pas entre eux.*
- Lobo não come lobo./Ladrão não rouba ladrão.
318. *Les murs ont des oreilles.*
- As paredes têm ouvidos.
319. *Les petits ruisseaux font les grandes rivières.*
- De grão em grão a galinha enche o papo./Pequenas causas produzem grandes efeitos.
320. *L'occasion fait le larron.*
- A ocasião faz o ladrão.
321. *Loin des yeux, loin du cœur.*
- Longe dos olhos, longe do coração.
322. *Mieux vaut être seul que mal accompagné.*
- Antes só que mal acompanhado.
323. *Mieux vaut tard que jamais.*
- Antes tarde do que nunca.
324. *Mieux vaut tenir que courir.*
- É preciso se guardar de todas as esperanças ilusórias./Mais vale pão hoje que galinha amanhã.
325. *Ne réveillez pas le chat qui dort.*
- Não perturbe uma situação tranquila.
326. *Nouvelle colportée, nouvelle augmentée.*
- Quem conta um conto acrescenta um ponto.
327. *On apprend en faillant.*
- Errando é que se aprende.
328. *On ne fait pas d'omelette sans casser des oeufs.*
- Não se obtém nada sem alguns sacrifícios.
329. *On ne prend jamais trop de précautions.*
- Cautela e caldo de galinha nunca fizeram mal ao doente.
330. *On pend les petits voleurs, mais on épargne les grands.*
- Quem rouba um pão é ladrão, quem rouba um milhão é barão.

331. *On prend plus de mouches avec une cuillerée de miel qu'avec un tonneau de vinaigre.*
- Não se obtém nada pela força./Uma gota de mel apanha mais moscas que um tonel de vinagre.
332. *On revient toujours à ses premières amours.*
- O primeiro amor nunca se esquece.
333. *On tombe toujours du côté où l'on penche.*
- Cedemos sempre aos nossos impulsos.
334. *Où la chèvre est attachée, il faut qu'elle broute.*
- Cada um deve se contentar com o que tem.
335. *L'argent n'a pas d'odeur.*
- Pouco importa a origem do dinheiro.
336. *Pas d'argent, pas de suisses.*
- Sem dinheiro nada se alcança./De graça só "bom-dia". (*Suisse*: - porteiro, guarda-portão)
337. *Boire, manger en suisse.*
- Beber, comer sozinho, sem convidar ninguém
338. *Passez-moi la rhubarbe, je vous passerai le séné.*
- Ceda aqui, cederei acolá. (Diz-se a propósito de duas pessoas que se fazem concessões mútuas.)
339. *Pauvreté n'est pas vice.*
- A pobreza não constitui um crime.
340. *Nul n'est sans vice.*
- Ninguém é perfeito.
341. *Petit à petit l'oiseau fait son nid.*
- De grão em grão a galinha enche o papo.
342. *Petite pluie bat grand vent.*
- Chuva miúda o vento muda.
343. *Pierre qui roule n'amasse pas mousse.*
- Pedra que rola não cria limo./Vida aventureira não cria riqueza.
344. *Plaie d'argent n'est pas mortelle.*
- Quem perde só dinheiro não se perde por inteiro.
345. *Faire plus de bruit que de besogne.*
- Falar muito e trabalhar pouco.

346. *Plus fait douceur que violence.*
- Obtém-se mais pela gentileza que pela violência./Boas palavras pouco custam e fazem muito.
347. *Plus on est des fous, plus on rit.*
- O riso é contagioso./Quanto mais numerosos, mais nos divertimos.
348. *Pour les amoureux, personne ne voit leurs jeux.*
- Julgam os namorados que todos têm os olhos vendados.
349. *Quand il n'y a pas de foin au râtelier, les chevaux se battent.*
- Em casa onde não há pão, todos gritam e ninguém tem razão.
350. *Quand l'arbre est tombé, tout le monde court aux branches.*
- Da árvore caída todos fazem lenha.
351. *Quand le chat n'y est pas les souris dansent.*
- Patrão fora, dia santo na loja.
352. *Quand on n'a pas le nécessaire, on mange le superflu.*
- Mais vale um gostinho que quatro vinténs.
353. *Quand on parle du loup, on en voit la queue.*
- Falou no diabo, ele aparece.
354. *Quand on veut noyer son chien on dit qu'il est enragé.*
- Acha-se sempre um bom pretexto para se livrar de alguém ou de algo que desagrade./Quem seu cão quer matar de raiva lhe põe o nome.
355. *Jeter une pierre dans le jardin de quelqu'un.*
- Criticar alguém, dirigir zombarias indiretas.
356. *Qui a un jardin ne jette pas de pierres dans celui des autres.*
- Quem tem rabo de palha não vai perto do fogo.
357. *Qui aime bien châtie bien.*
- A filho e amigo, pão e castigo.
358. *Qui m'aime aime mon chien.*
- Quem me ama ama tudo que me pertence./Quem bate no cão bate no dono.
359. *Qui bête va à Rome, tel en retourne.*
- Burro que vai a Santarém, burro vai, burro vem.
360. *Qui cherche trouve.*
- Quem procura acha.
361. *Qui est bien pistonné est sûr d'arriver.*
- Quem tem padrinho não morre pagão.

362. *Qui est propre à tout n'est propre à rien.*
- Quem não tem nenhuma especialidade não se distingue em nada./Quem para tudo presta de nada vale.
363. *Qui flatte mes enfants, me flatte en même temps.*
- Quem meus filhos beija minha boca adoça.
364. *Qui ménage son ennemi, mérite d'être deux fois puni.*
- Quem seu inimigo poupa nas mãos lhe morre.
365. *Qui n'a pas de veine, meurt de peine.*
- Quem nasceu para dez réis nunca chega a vintém.
366. *Qui ne dit rien consent.*
- Quem cala consente.
367. *Qui ne hasarde rien n'a rien.*
- Quem não arrisca não petisca.
368. *Qui paie ses dettes s'enrichit.*
- Quem paga o que deve pagando enriquece.
369. *Qui rit trop pense peu.*
- Muito riso é sinal de pouco siso.
370. *Qui se fie au visage n'est pas le plus sage.*
- Quem vê cara não vê coração.
371. *Qui se ressemble s'assemble.*
- Cada ovelha procura sua parelha./Lé com lé, cré com cré./Cada qual com os da sua ralé.
372. *Qui se sent morveux se mouche.*
- A carapuça é para quem servir.
373. *Qui s'excuse s'accuse.*
- Quem não tem culpa não pede desculpa.
374. *Qui s'y frotte s'y pique.*
- Quem brinca com fogo acaba se queimando.
375. *Qui trop embrasse mal étreint.*
- Quem muito abraça pouco abrange.
376. *Qui va à la chasse perd sa place.*
- Quem vai ao vento perde o assento.
377. *Qui veut la fin veut les moyens.*
- Quem quer o fim quer os meios.
378. *Qui veut trop prouver ne prouve rien.*
- Quem muito quer provar nada prova.

379. *Qui vivra verra.*
- Quem viver verá.
380. *Qui voit ses veines, voit ses peines.*
- Não há gosto sem desgosto.
381. *Richesse donne hardiesse.*
- A fartura faz bravura.
382. *Rira bien qui rira le dernier.*
- Ri melhor quem ri por último.
383. *Selon le vent, la voile.*
- Não procure mais do que pode.
384. *Souris qui n'a qu'un trou est bientôt prise.*
- Depressa se apanha o rato que só conhece um buraco.
385. *Tant va la cruche à l'eau qu'à la fin elle se casse.*
- Tanto vai o cântaro à fonte que lá se fica em pedaços.
386. *Tel rit le vendredi, qui dimanche pleurera.*
- Não há bem que sempre dure.
387. *Tous les goûts sont dans la nature.*
- Gosto não se discute./Há gosto para tudo.
388. *Tout ce qui brille n'est pas or.*
- Nem tudo que brilha é ouro.
389. *Tout nouveau, tout beau.*
- O que é novo sempre agrada./Vassoura nova é que varre bem.
390. *Toute médaille a son revers.*
- Tudo tem dois lados: o bom e o ruim.
391. *Trop parler nuit, trop gratter cuit.*
- Quem fala muito dá bom-dia a cavalo./Não é sempre bom querer aprofundar as coisas.
392. *Un aigle ne s'amuse pas à prendre des mouches.*
- Águias não caçam moscas.
393. *Un bon tiens vaut mieux que deux tu l'auras.*
- Mais vale um pássaro na mão que dois voando.
394. *Un homme averti en vaut deux.*
- Homem prevenido vale por dois.
395. *Un menteur est plus vite attrapé qu'un boiteux.*
- Mais depressa se apanha um mentiroso que um coxo.

396. *Un mors doré ne rend pas le cheval meilleur.*
- Macaco vestido é sempre macaco.
397. *Un peu d'aide fait un grand bien.*
- Qualquer ajuda é bem-vinda.
398. *Un sac vide ne reste pas debout.*
- Saco vazio não fica em pé.
399. *Ventre affamé n'a point d'oreilles.*
- A fome é má conselheira./Não se escuta nada quando se tem fome.
400. *Vous avez mis le doigt dessus.*
- Pôs o dedo na ferida./Adivinhou.
401. *Vous êtes né coiffé.*
- Nasceu com muita sorte.
402. *Travailler pour le roi de Prusse.*
- Trabalhar para nada.

Curiosidades sobre a língua francesa

Assim como na língua portuguesa, a língua de Verlaine, Rimbaud, Racine, Molière e Baudelaire também faz uso de comparações com animais e vegetais para expressar ideias. Nós dizemos que o homem quando...

é bonito	é um gato
é otário	é um pato
é idiota	é uma besta
é pouco inteligente	é um burro ou tem cabeça de bagre
é muito esperto	é uma raposa
é inteligente	é um cobra
é um gênio	é uma águia
é teimoso	é uma mula
é pouco asseado	é um porco
é molenga	é uma lesma
anda devagar e sempre	é uma tartaruga
só sabe andar pra trás	é um caranguejo
é gordo	é um boi
é muito gordo	é uma baleia
é forte	é um touro

fica irritado	é uma fera, vira uma onça ou fica uma arara
é beberrão	é um gambá
se bronzeia muito	fica um camarão
tem o cabelo grande	é um urso
é sem-graça	tem olhar de peixe morto
fala pelos cotovelos	é um papagaio
é invejoso	é um chacal
ri demais	é uma hiena
só sabe desejar o mal	é um abutre
se molha na chuva	fica um pinto
é baixinho	é um marreco
é sem coração	tem lágrimas de crocodilo
é muito feio	é um jaburu
é crioulo	é um gorila
é crioulo sem banho	é um urubu
canta muito bem	é um rouxinol
na infância	tem passarinho
está enamorado	são dois pombinhos
faz muitas palhaçadas	é um macaco
é um cafajeste	é um cachorro
é covarde	é um rato
é inconstante	é um camaleão
é calmo	é um cordeirinho
paquera demais	é um gavião
acha os filhos lindos	é um coruja
é aquela "potência sexual"	é um garanhão
é grosseiro	é um cavalo
é maldoso	é uma víbora
vive correndo	é uma lebre
é pescoçudo	é uma girafa
é narigudo	é um tamanduá
se enfeita demais	fica um pavão
coloca terno e gravata	fica um pinguim
atura qualquer coisa	é um avestruz
tem atitudes femininas	é um veado

pula muito	é um canguru
tem boa memória	é um elefante
é do tipo que não desgruda	é um carrapato
é do tipo que só sabe explorar	é sanguessuga
não se manca	é um parasita
é pobre	tem vida de cão!

Em francês, dizemos:

1. *être doux comme un agneau*	ser doce como um cordeiro
2. *puer comme un bouc*	cheirar mal como um bode
3. *avoir un chat dans la gorge*	ter um gato na garganta – estar rouco, engasgado ou com pigarro
4. *avoir un caractère de chien*	ter um temperamento de cão ou um temperamento difícil, rabujento
5. *marcher comme un crabe/en crabe*	andar como um caranguejo, ou seja, de lado
6. *avoir une mémoire d'éléphant*	ter uma memória de elefante, uma memória grande e também ser rancoroso
7. *avancer comme un escargot*	andar como um caracol, muito lentamente
8. *avoir une faim de loup*	ter uma fome de lobo, muita fome
9. *avoir un appétit de moineau*	ter um apetite de pardal, ou seja, muito pouco
10. *être têtu comme une mule*	ser teimoso como uma mula, um burro
11. *être fier comme un paon*	ser orgulhoso como um pavão
12. *être gras comme un porc*	ser gordo como um porco
13. *avoir la chair de poule*	ter a carne de galinha, ou seja, arrepiar-se
14. *être excité comme une puce*	estar agitado como uma pulga
15. *être serrés comme des sardines*	apertados, comprimidos como sardinhas
16. *être myope comme une taupe*	ser míope como uma toupeira
17. *être nu comme un ver*	estar nu como um verme, completamente nu
18. *courir comme un zèbre*	correr como uma zebra, muito rapidamente
19. *faire sa tête de cochon*	fechar a cara
20. *avancer à pas de loup*	andar lentamente
21. *s'entendre comme chien et chat*	brigar como o cão e o gato
22. *un temps de chien*	um tempo ruim
23. *manger comme un cochon*	comer como um porco, porcamente

24. *nager comme un poisson*	nadar muito bem, como um peixe
25. *donner la langue au chat*	não poder responder a uma pergunta
26. *siffler comme un merle*	assobiar como um melro, harmoniosamente
27. *se battre comme un lion*	bater-se como um leão, corajosamente
28. *avoir une langue de vipère*	ter uma língua de víbora, má-língua
29. *être muet une carpe*	não falar, ser mudo como uma carpa (peixe), diz-se de uma pessoa de quem não se pode arrancar uma palavra
30. *voir comme un aigle*	ver como uma águia, ver muito bem
31. *avoir un cou de girafe*	ter um pescoço longo
32. *boxer comme un kangourou*	boxear
33. *quand les poules auront des dents*	quando as galinhas tiverem dentes, ou seja, nunca
34. *noir comme un corbeau*	preto como um corvo
35. *marcher comme un chat*	caminhar como um gato, sem fazer barulho
36. *rire comme une hyène*	rir como uma hiena, para zombar de alguém
37. *être malin comme un singe*	ser muito astucioso, esperto como um macaco
38. *avoir une cervelle de moineau*	ter um cérebro de pardal, ou seja, não ter grande coisa na cabeça
39. *être bavard comme une pie*	ser tagarela como uma pega (passarinho)
40. *être rusé comme un renard*	ser astuto, matreiro como uma raposa
41. *être paresseux comme une couleuvre, comme un loir*	ser preguiçoso como uma cobra, um leirão (pequeno mamífero roedor que hiberna)
42. *courir comme un lierre*	correr como uma lebre
43. *il est bête comme ses pieds, c'est un âne*	pessoa pouco inteligente
44. *il est fort comme un boeuf*	forte como um boi
45. *il est chien*	ele é rude e mau
46. *c'est une poule mouillée*	uma pessoa medrosa
47. *c'est une dinde*	é um idiota
48. *c'est une oie blanche*	jovem ingênua e tola
49. *c'est un ours*	um indivíduo rude e rabujento
50. *gai comme un pinson*	alegre como um tentilhão (pássaro)
51. *baver comme un crapaud*	babar como um sapo, dizer maldades

52. *bâiller aux corneilles ou comme un carpe*	bocejar como as gralhas ou como uma carpa; bocejar repetidamente sonhando
53. *entre chien et loup*	ao entardecer, ao lusco-fusco
54. *avoir une fièvre de cheval*	muita febre
55. *être voleur comme une pie*	roubar muito
56. *avoir des larmes de crocodile*	fingir estar triste
57. *se faufiler comme une anguille*	se esgueirar como uma enguia (ser ágil)
58. *avoir le cafard*	estar deprimido (le cafard: a barata; na minha época, usava-se a expressão "estar na fossa", e como numa fossa encontramos, entre outras coisas, baratas...)
59. *faire l'autruche*	recusar-se a ver a verdade
60. *la part du lion*	a maior parte
61. *avoir des mollets de coq*	ter as pernas finas
62. *avaler une couleuvre*	engolir (cobra) sapos, sofrer humilhações
63. *poser un lapin*	dar um "bolo", faltar a um encontro
64. *fier comme un coq*	orgulhoso como um galo
65. *marcher en canard*	andar como um pato, se rebolando ou com os pés afastados
66. *dormir comme une marmotte*	dormir como uma marmota, dormir profundamente
67. *courir comme un lapin*	correr em ziguezague

Capítulo 4

Palavras em francês que trazem dúvida quanto ao gênero e ao número

Há palavras em francês que possuem gênero diferente do português, e isso faz com que, às vezes, nos enganemos na hora de usá-las com um determinante. Por exemplo, se quisermos dizer: "Um lindo carro" e "Qual quarto? Meu quarto", teremos que falar: *Une belle voiture* e *Quelle chambre? Ma chambre.* Isso porque, como as palavras "carro" e "quarto" são femininas em francês, os determinantes têm de acompanhá-las.

Outro exemplo: calçados italianos. Como "calçados" é feminino em francês, vamos dizer então: *des chaussures italiennes.* E ainda: uma caneta preta; em francês diremos: *un stylo noir.* Por isso, a importância de se conhecer o gênero das palavras, quando for diferente da língua portuguesa, para poder falar e escrever corretamente.

Vejamos alguns desses vocábulos, os mais usuais.

São masculinas em francês:

acacia (acácia)
accueil (acolhida, recepção)
achat (compra)
acquittement (quitação, absolvição)
affront (afronta)
âge (idade)
agenda (agenda)
aigle (águia)
alliage (liga)
aménagement (instalação, ordenação, urbanização)

amont (nascente)
anchois (anchova)
aphte (afta)
appareillage (aparelhagem)
appât (isca)
appel (chamada)
apport (contribuição)
arbitrage (arbitragem)
arbre (árvore)
arrêt (parada)
arrosage (rega)
artichaut (alcachofra)
assèchement (drenagem)
bac (barcaça, balsa)
bagage (bagagem)
bagout (lábia)
balai (vassoura)
ballon (bola de futebol)
barème (tabela)
bât (sela)
bégonia (begônia)
besoin (necessidade)
beurre (manteiga)
biberon (mamadeira)
bidon (vasilha, lata)
blâme (repreensão)
blasphème (blasfêmia)
bonbon (bala)
bonheur (felicidade)
brassard (braçadeira)
bracelet (pulseira)
bûcher (fogueira)
caleçon (cueca)
cambouis (graxa)
camélia (camélia)
cafard (barata)

canoé ou *canot* (canoa)
caoutchouc (borracha)
chaperon (acompanhante, dama de companhia)
cerf-volant (pipa)
chevet (cabeceira)
cheveu-de-vénus (avenca)
choléra (cólera)
clignement (piscadela)
compte (conta)
congé (folga, licença, férias, despedida)
cor (trompa)
courage (coragem)
couteau (faca)
couvercle (tampa)
couvre-lit (colcha)
dentier (dentadura)
départ (partida)
dépassement (ultrapassagem, autossuperação)
désordre (desordem)
dos (costas)
doute (dúvida)
drapeau (bandeira)
enfant (criança)
entresol (sobreloja)
envoi (remessa)
gâchis (confusão)
glacier (geleira)
harmonica (gaita)
iris (íris, membrana do olho)
jupon (anágua)
klaxon (buzina)
cidre (sidra)
liège (cortiça)
lierre (hera)
linge (roupa branca)
linceul (mortalha)

lit (cama)
logis (casa, habitação)
malheur (infelicidade)
mégot (guimba de cigarro)
mélange (mistura)
mets (comida)
nuage (nuvem)
ordre (ordem)
parafe (rubrica)
parterre (plateia)
persil (salsa)
pétale (pétala)
phoque (foca)
piège (armadilha)
placenta (placenta)
plat (travessa)
poivre (pimenta-do-reino)
pot-de-vin (propina)
prélèvement (retirada antecipada de dinheiro)
pruneau (ameixa seca)
pupitre (carteira de escola)
radeau (jangada)
recueil (coletânea)
refus (recusa)
repère (marca, baliza, referência)
répaire (toca)
ressort (mola, causa, força moral, alçada)
sable (areia)
sac (bolsa)
sigle (sigla)
soda (soda)
souci (preocupação)
souper (ceia)
stylo (caneta)

São femininas em francês:

absinthe (absinto)
adresse (endereço)
affaire (negócio, assunto)
affiche (cartaz)
allumette (fósforo)
annonce (anúncio)
année (ano)
apocalypse (apocalipse)
apostrophe (apóstrofo)
ardeur (ardor)
armée (exército)
armoire (armário)
asperge (aspargo)
assiette (prato)
baffe (tapa, tabefe)
bagarre (tumulto, distúrbio)
bagnole (carro, calhambeque)
bague (anel)
balade (passeio)
banque (banco)
bavette (babador)
besace (alforje)
besogne (trabalho, serviço)
brindille (raminho)
broche (broche)
broderie (bordado)
bronche (brônquio)
brouette (carrinho de mão)
brute (bruto, grosseirão)
buvette (bar de estação, de teatro)
cachette (esconderijo)
campagne (campo)
carte (cartão, cardápio)
casquette (boné)

ceinture (cinto)
chamade (toque de recolher)
chambre (quarto)
chaussure (calçado)
chauve-souris (morcego)
chevalière (anel de monograma)
cigarette (charuto)
clameur (clamor)
cloche (sino)
comète (cometa)
contrainte (constrangimento)
coupe (corte)
crainte (temor, receio)
crème (creme)
crevette (camarão)
débâcle (degelo, desmoronamento)
décennie (decênio ou 10 anos)
dépêche (telegrama)
dictée (ditado)
dot (dote)
écheance (vencimento)
enceinte (recinto)
épaule (ombro)
erreur (erro)
faveur (favor)
feinte (fingimento)
extase (êxtase)
fermeture (fecho)
ficelle (barbante)
figue (figo)
fourchette (garfo)
fraise (morango)
frousse (susto)
glace (sorvete)
grêle (granizo)
habitude (hábito)
haine (ódio)

haleine (hábito, fôlego)
halle (mercado coberto)
humeur (humor, temperamento)
hymne (hino religioso)
idylle (idílio)
insulte (insulto)
lampe (abajur)
lèvre (lábio)
luge (pequeno trenó)
mâchoire (maxilar)
manche (cabo)
mer (mar)
mésentente (desentendimento, desacordo)
méthode (método)
mie (miolo)
moisissure (mofo)
montgolfière (balão dirigível)
mosaïque (mosaico)
morgue (necrotério)
morue (bacalhau)
moule (mexilhão)
mousse (musgo)
ouate (algodão em rama, chumaço)
oubliette (calabouço)
oasis (oásis)
paire (par)
panique (pânico)
papaye (mamão)
passoire (coador)
pendule (relógio de parede)
pendaison (enforcamento)
pelouse (relvado)
période (período)
peur (medo)
pipe (cachimbo)

planque (esconderijo)
planète (planeta)
plongée (mergulho)
poche (bolso)
poitrine (peito)
portée (alcance)
poussée (impulso, avanço, empurrão)
préface (prefácio)
quinte (acesso de tosse)
rame (remo)
rançon (resgate)
rancoeur (rancor)
recrue (recruta)
rigueur (rigor)
robe (vestido)
roquette (projétil)
roseraie (roseiral)
salopette (macacão)
salière (saleiro)
sauterelle (gafanhoto)
saveur (sabor)
soucoupe (pires)
souris (camundongo)

Como se pode perceber, não é um levantamento exaustivo (para isso, há os dicionários), mas o fruto de observação em sala de aula. Meu intuito sempre é o de ajudar o aluno interessado a falar e escrever corretamente.

As palavras terminadas em *age* não foram colocadas, pois são todas masculinas, salvo:

cage (gaiola)
image (imagem)
nage (natação)
page (página)
plage (praia)
rage (raiva)

Atentem também para o fato de palavras terminadas em *ée* não serem sempre femininas. Exemplos:

apogée (apogeu)	*lycée* (liceu)
athée (ateu, ateia)	*mausolée* (mausoléu)
musée (museu)	*colisée* (coliseu)
pigmée (pigmeu)	*camée* (camafeu)
trophée (troféu)	*athénée* (ateneu, estabelecimento de ensino)

Certas palavras não possuem singular e levam sempre a marca do plural. São invariáveis, e as concordâncias devem ser feitas. Portanto, muita atenção quando usar:

abus (abuso) - masculino singular e plural
accès (acesso) - masculino singular e plural
ailleurs (alhures, em todo lugar)
amas (montão) - masculino singular e plural
autrefois (antigamente)
avis (aviso) - masculino singular e plural
bois (bosque e madeira) - masculino singular e plural
brebis (ovelha) - feminino singular e plural
bus (ônibus) - masculino singular e plural
cadenas (cadeado) - masculino singular e plural
canevas (esboço) - masculino singular e plural
cas (caso) - masculino singular e plural
chamois (camurça) - **masculino** singular e plural
certes (certamente)
discours (discurso) - masculino singular
affres (tormentos) - **feminino** plural
agissements (procedimentos condenáveis, atividades suspeitas) - masculino plural
alentours - masculino plural
annales (anais) - **feminino** plural
appointements (ordenado, vencimentos) - masculino plural
armoiries (armas, brasão) - feminino plural
arrhes (sinal) - **feminino** plural
beaux-arts (belas-artes) - **masculino** plural
condoléances (condolências) - feminino plural

fiançailles (noivado) - feminino plural
funérailles (funeral) - **feminino** plural

Atenção: Observe bem as palavras que são usadas no singular e no plural dependendo do contexto e dos determinantes. Exemplos:

La brebis blanche (a ovelha branca) e *les brebis blanches* (as ovelhas brancas)

A palavra *brebis* não variou. Ela se escreve sempre assim, seja no singular ou no plural. Mais um exemplo:

Le bon repas (a boa refeição) *e les bons repas* (as boas refeições)

Atenção às concordâncias!

clos (fechado) - masculino singular e plural
colis (pacote) - masculino singular e plural
compas (compasso) - masculino singular e plural
concours (concurso) - masculino singular e plural
corps (corpo) - masculino singular e plural
décombres (escombros) - masculino plural
débarras (desafogo, alívio) - masculino singular e plural
débris (restos, escombros) - masculino singular e plural
décès (óbito, falecimento) - masculino singular e plural
dehors (fora)
désormais (daqui em diante)
données (dados) - **feminino** plural
en-cas (lanche) - masculino singular e plural
embarras (dificuldades) - masculino singular e plural
fois (vez) - feminino singular e plural
fracas (estrondo) - masculino singular e plural
hachis (picadinho) - masculino singular e plural
héros (herói) - masculino singular e plural
jus (suco) - masculino singular e plural
las (cansado) - masculino singular e plural
lis/ lys (lírio) - masculino singular e plural
logis (habitação) - **masculino** singular e plural
moeurs (costumes, hábito) - **feminino** singular e plural
maïs (milho) - masculino singular e plural

matelas (colchão) - masculino singular e plural
mépris (desprezo) - masculino singular e plural
mets (comida, prato) - masculino singular e plural
mois (mês) - masculino singular e plural
niais (tolo) - masculino singular e plural
oasis (oásis) - **feminino** singular e plural
ours (urso) - masculino singular e plural
plusieurs (vários)
printemps (primavera) - **masculino** singular e plural
progrès (progresso) - masculino singular e plural
palais (palácio) - masculino singular e plural
pays (país) - masculino singular e plural
permis (permissão) - **masculino** singular e plural
poids (peso) - masculino singular e plural
procès (processo) - masculino singular e plural
repas (refeição) - masculino singular e plural
retrouvailles (reencontro) - **feminino** singular e plural
radis (rabanete) - masculino singular e plural
refus (recusa) - **masculino** singular e plural
remords (remorso) - masculino singular e plural
repos (repouso) - masculino singular e plural
secours (socorro) - masculino singular e plural
souris (camundongo) - **feminino** singular e plural
tapis (tapete) - masculino singular e plural
tracas (aborrecimento) - masculino singular e plural
univers (universo) - masculino singular e plural
vivres (víveres) - masculino singular e plural
vacances (férias) - feminino singular e plural
velours (veludo) - masculino singular e plural

Atenção: Um erro muito comum é o uso da palavra *enfants*. Ela significa filhos (meninos ou meninas) ou crianças.
A palavra *fils* tanto é usada para **um** filho homem ou **mais de um** filho homem.
Pergunta: *Avez-vous des enfants?*
Respostas possíveis: *Oui, j'ai des enfants: un fils et une fille.* (um filho e uma filha)/*Oui, j'ai deux fils* (dois filhos homens)./*Oui, j'ai trois filles* (três filhas).
Agora, você não confundirá *enfants* e *fils*.

Capítulo 5

Canções brasileiras vertidas para o francês

Este capítulo é dedicado às canções brasileiras – lindas – que foram vertidas para o francês.

Bom demais ver a valorização do que temos de melhor. A música brasileira tornou-se fonte de inspiração para vários compositores e cantores franceses.

A antiga canção "Madureira chorou" tornou-se "Si tu vas à Rio". Um enorme sucesso na França nos anos 50 e um dos mais bonitos exemplos de adaptação de obras brasileiras.

Si tu vas à Rio/ Madureira chorou

Adaptação francesa de "Madureira chorou", de Carvalhinho e Julio Monteiro, feita por Jean Broussolle e gravada por Dario Moreno.

N'oublie pas de monter là-haut
Dans un petit village
Caché sous les fleurs sauvages
Sur le versant d'un côteau
C'est à Madureira
Tu verras les cariocas
Sortir des maisonnettes
Pour s'en aller à la fête
A la fête des sambas.
Et tu verras grimpant le long des collines

Des filles à la taille fine
Avancer à petits pas
Et les fanfares
Dans ce joyeux tintamarre
Emmener le flot bizarre

Des écoles de sambas.
Qui préparent le bal
Et s'en vont pour le Carnaval
Répéter la cadence
De la plus folle des danses
Celle de Madureira.

MADUREIRA CHOROU

Madureira chorou
Madureira chorou de dor
Quando a voz do destino
Obedecendo ao divino
A sua estrela chamou

Gente modesta
Gente boa do subúrbio
Que só comete distúrbio
Se alguém os menosprezar
Aquela gente que mora na zona norte
Até hoje chora a morte da estrela do lugar
(Só eu não posso chorar)

LA CHOUPETTA/ MAMÃE EU QUERO

Adaptação francesa de "Mamãe eu quero" (1941), de Jararaca e Vicente Paiva, feita por Bataille-Henri e gravada por Maurice Chevalier.

Une choupetta, savez-vous c' que c'est qu' ça?
C'est un mot rigolo qui vient de Rio d' Janeiro
Là-bas, chaque enfant, bercé par sa maman,
S'amuse à chanter après avoir pris sa tétée

REFRAIN:
Mama ô mama ô mama mama
Mama, c'est bon une choupetta
Ah! La choupetta. Ah! La choupetta
Ah! C'est bon, la chou la chou la choupetta

Une choupette, une choupette
Une choupette, une choupette
Un jour, un garçon en fit une chanson
Ce fut un tel succès que l' soir même, tout le monde la dansait,
En rentrant chez elles, toutes les demoiselles,
Très émoustillées soupiraient sur leurs oreillers

REFRAIN

Une choupette, vite, une choupette
Donnez-moi une choupette
Une choupette, une choupette
J'ai besoin d'une choupette
Plus que tous les swings
Demain dans les dancings
Ce rythme voluptueux exaltera les amoureux
Tout en roucoulant
Joue à joue, se frôlant,
Les yeux dans les yeux,
Ils s'écrieront, c'est merveilleux

REFRAIN

Une choupette, une grande choupette
Même cent choupettes, même mille choupettes

Ah! Vraiment cet air est extraordinaire
J' m'aperçois, qu'à mon tour
Un drôle de frisson me parcourt
Où est l'âme soeur
Où sont les bras berceurs
Les baisers tout doux qui me feront chanter tout à coup?
Mama, ô mama, mama, ô mama, ma
Ô que c'est bon, o mais qu' c'est bon, une choupette,
Ah! Oh! La choupette. Oh! Oh! La choupette
Ô que c'est bon Oh!
Mais c'est vraiment bon
C'est vraiment bon, la choupetta
Ooooooh!

Mamãe eu quero

Mamãe eu quero, mamãe eu quero
Mamãe eu quero mamar!
Dá a chupeta, dá a chupeta, ai, dá a chupeta
Dá a chupeta pro bebê não chorar!

Dorme filhinho do meu coração
Pega a mamadeira e entra no cordão
Eu tenho uma irmã que se chama Ana
De piscar o olho já ficou sem a pestana

Eu olho as pequenas, mas daquele jeito
E tenho muita pena não ser criança de peito
Eu tenho uma irmã que é fenomenal
Ela é da bossa e o marido é um boçal

Faits pour s'aimer/ Desafinado

Adaptação francesa de "Desafinado" (1962), de Tom Jobim, feita por Eddy Marnay e gravada por Richard Anthony.

Tout comme l'oiseau est fait pour s'envoler
Le cœur de la rose pour se respirer
La flamme pour brûler et les voiliers pour naviguer
Nous, quoi qu'il arrive, on est fait pour s'aimer

On a beau se dire nos quatre vérités
Se couvrir d'injures et de calamités
Ça n'empêche pas qu'on est fait pour s'aimer
Oui comme Adam et Ève, comme Juliette et Roméo

Nous sommes à nous deux l'orchestre et le piano
Et si la symphonie a des accords qui sonnent faux
Mon cœur désaccordé s'accorde avec le tien
Dès qu'on se met à jouer à quatre mains

Tout comme l'oiseau est fait pour s'envoler
On sera toujours avec des rires, avec des larmes
Toujours fait pour m'aimer
Fait pour t'aimer, fait pour s'aimer

Et puisque la rose est au bouquet
Et la voile au voilier, et le feu à la flamme
Toi et moi, on est peut-être si faits pour nous aimer toute une vie

Tout comme l'oiseau est fait pour s'envoler
On sera toujours avec des rires, avec des larmes
Toujours fait pour m'airner, fait pour t'aimer, fait pour s'aimer
Et puisque la rose est au bouquet
Et la voile au voilier, et le feu à la flamme
Toi et moi, on est peut-être si faits pour nous aimer toute une vie
Toi et moi, on est peut-être si faits pour nous aimer toute une vie

Desafinado

Quando eu vou cantar, você não deixa
E sempre vem a mesma queixa
Diz que eu desafino, que eu não sei cantar
Você é tão bonita, mas tua beleza também pode se enganar

Se você disser que eu desafino, amor
Saiba que isto em mim provoca imensa dor
Só privilegiados têm o ouvido igual ao seu
Eu possuo apenas o que Deus me deu

Se você insiste em classificar
Meu comportamento de antimusical
Eu mesmo mentindo devo argumentar
Que isto é Bossa Nova, isto é muito natural
O que você não sabe nem sequer pressente
É que os desafinados também têm um coração
Fotografei você na minha Rolley-Flex
Revelou-se a sua enorme ingratidão

Só não poderá falar assim do meu amor
Este é o maior que você pode encontrar
Você com a sua música esqueceu o principal
Que no peito dos desafinados
No fundo do peito bate calado
Que no peito dos desafinados também bate um coração

Chanson sur une seule note/ Samba de uma nota só

Adaptação francesa de "Samba de uma nota só", de Newton Mendonça e Tom Jobim, feita por Eddy Marnay.

REFRAIN:
Sur un doigt, sur une note, je t'écris cette chanson
Et plus tard quand d'autres notes à la suite me viendront
Elles seront la conséquence d'un piano de troubadour
Comme tu es la conséquence de tous mes rêves d'amour

Les gens passent trop souvent leur temps à se parler jusqu'au délire
Pour ne rien dire
On n'a pas besoin des arabesques de la gamme pour traduire
Ce qu'on désire
Il suffit d'une seule note qui se couche sous mes doigts
Je caresse cette note comme je te caresse, toi!

Et qui veut toutes les notes: ré, mi, fa, sol, la, si, do
Reste seul sans une note à pleurer sur mon piano
On n'avait jamais encor'écrit sur une note de musique que des cantiques
Moi, j'ai voulu faire une chanson et si ell'n'est pas magnifique
Elle est unique!

REFRAIN

Samba de uma nota só

Eis aqui este sambinha feito numa nota só
Outras notas vão entrar, mas a base é uma só
Esta outra é consequência do que acabo de dizer
Como eu sou a consequência inevitável de você
Quanta gente existe por aí que fala tanto e não diz nada,
Ou quase nada
Já me utilizei de toda a escala e no final não sobrou nada,
Não deu em nada
E voltei pra minha nota como eu volto pra você
Vou contar com uma nota como eu gosto de você
E quem quer todas as notas: ré, mi, fá, sol, lá, si, dó
Fica sempre sem nenhuma, fique numa nota só

La Nuit Des Masques/ Noite dos mascarados

Adaptação francesa de "Noite dos mascarados", de Chico Buarque, feita por Pierre Barouh e cantada por ele e Bia Krieger.

Qui êtes-vous?
Si tu m'aimes, tu dois deviner
Aujourd'hui tous les deux on se cache
Derrière nos masques
Pour se demander:
Qui êtes-vous? Dites vite!
Dis-moi à quel jeu tu m'invites
Je voudrais me fondre à ta suite
Je voudrais qu'on prenne la fuite
Moi, je vagabonde, poète et chanteur
J'ai perdu la ronde qui mène au bonheur
Moi, je cours les routes
Je reste chez moi
L'amour me déroute
Je n'y croyais pas...

Moi, dans la fanfare
Je porte un drapeau
Modestie à part, je joue bien du pipeau
Je suis si fragile
J'ai douze ans de trop
je suis Colombine
Je suis Pierrot
Mais c'est Carnaval et qu'importe aujourd'hui qui tu es
Demain tout redeviendra normal
Demain tout va finir
laissons le temps courir
laisse au jour sa lumière
Aujourd'hui je suis ce que tu attends de moi
Si tu veux laissons faire, on verra
Peut-être que demain on se retrouvera
Peut-être que demain on se reconnaîtra...

Noite dos mascarados

- Quem é você?
- Adivinhe, se gosta de mim
Hoje os dois mascarados procuram os seus namorados perguntando assim:
- Quem é você, diga logo...
- ...que eu quero saber o seu jogo
- ...que eu quero morrer no seu bloco...
- ...que eu quero me arder no seu fogo
- Eu sou seresteiro, poeta e cantor
- O meu tempo inteiro, só zombo do amor
- Eu tenho um pandeiro
- Só quero um violão
- Eu nado em dinheiro
- Não tenho um tostão... Fui porta-estandarte, não sei mais dançar
- Eu, modéstia à parte, nasci pra sambar
- Eu sou tão menina
- Meu tempo passou
- Eu sou colombina
- Eu sou pierrô
Mas é carnaval, não me diga mais quem é você
Amanhã, tudo volta ao normal
Deixe a festa acabar, deixe o barco correr, deixe o dia raiar
Que hoje eu sou da maneira que você me quer
O que você pedir eu lhe dou
Seja você quem for, seja o que Deus quiser
Seja você quem for, seja o que Deus quiser

SAUDADE, UN MANQUE HABITÉ / VOU VER JULIANA

Adaptação francesa de "Vou ver Juliana", de Dorival Caymmi, feita por Pierre Barouh, com acompanhamento de violão de Baden Powell, e gravada por Barouh e Powell. Música do disco "Saudade" (2003), de Pierre Barouh.

Pierre Barouh explica:

Il y a un mot qui revient très souvent dans les chansons brésiliennes, c'est le mot "saudade". Ce mot est un mot très important dans la poésie populaire brésilienne et beaucoup de poètes se sont appliqués à le traduire. Moi, comme les autres, bien sûr, j'ai essayé longtemps, j'ai essayé souvent, jusqu'au jour où j'ai trouvé un mot français qui, employé dans le contexte poétique, prend une signification toute différente de celle qu' on lui donne habituellement. Ce mot, c'est le mot "manque", par exemple quand vous dites "j'ai le manque de toi", "j'ai le manque de Paris ", "j'ai le manque de Bahia". Là, on peut se rapprocher un peu de la vraie signification du mot, du mot "saudade".

Cette chanson que nous venons de chanter avec Baden, de fredonner plutôt, est une chanson du folklore, du folklore des pêcheurs de Bahia. Elle a été chantée par Dorival Caymmi qui, toute sa vie, a chanté des chansons sur la mer et sur les pêcheurs.

Traduire le texte en est très simple. "Quando a maré vazar vou ver Juliana"; ça veut dire: "quand la mer est calme je vais voir Juliana". Comme ça, évidemment, ce n'est rien qu'une image. Une de ces nombreuses nuits où nous étions avec Baden à faire de la musique, avec des amis, comme ça, toute la nuit, il a construit lui-même toute une mythologie sur ce mot, sur cette chanson, sur cette Juliana.

Lorsque la mer est calme, tout d'un coup, c'est à dire, lorsque tout est vide, lorsqu'il ne reste plus rien, je vais voir Juliana. Cette Juliana, soudain, c'est devenu un personnage extraordinaire. C'était cette femme qui, là-bas, au bout de la plage, dans une maison toute seule, qu' on va voir quand, vraiment, il ne reste plus rien que le désespoir. Cette femme, on ne l'a pas vue depuis, peut-être dix ans ou depuis trois mois. On n'a pas besoin de lui parler. Elle a tout compris. Elle est là, en train de repasser ou en train de faire la cuisine. Elle vous dit: "Assieds-toi. Tu vas boire quelque chose" et déjà, ça va mieux.

Cette Juliana, bien sûr, elle n'est pas nécessairement brésilienne. Chacun peut avoir sa Juliana et Baden m'a dit que celui qui n'avait pas sa Juliana ne pouvait pas comprendre, ne pouvait pas connaître la signification profonde du mot "saudade".

* Agradeço ao professor Jean-Yves Cordier por sua valiosa contribuição referente à versão da música "Saudade da Bahia": "Je suis, en partie, d'accord avec sa traduction de 'saudade da Bahia' mais, par contre, je conteste sa traduction de la chanson de Caymmi: traduire 'quando a maré vazar' par 'quand la mer est calme' est un joli contresens qui empêche de bien comprendre ce que Baden lui a raconté. La notion de 'manque' est valable et s'apparente à la notion de 'vide' (vazio), ce qui est le cas de la plage à 'marée basse'. Il aurait donc dû traduire par 'quand la mer est basse' ou 'à marée basse'. On comprend alors mieux l'explication de Baden."

VOU VER JULIANA

Saverista quer dinheiro pra poder me atravessar
Eu não tenho mais dinheiro pra pagar pra embarcar
Como eu não tenho dinheiro, o remédio é esperar

Bate palma, palma, palma
Bate pé, pé, pé
Caranguejo só é peixe na vazante da maré
É melhor esperar sentado do que esperar em pé
Pra ver, pra ver Juliana
Quando a maré vazar vou ver Juliana

Samba saravah/ Samba da Bênção

Adaptação francesa de "Samba da Bênção", de Vinícius de Moraes e Baden Powell, gravada por Pierre Barouh. Esta canção é muito bem interpretada por Barouh e constitui uma das mais belas evocações do Brasil.

Etre heureux, c'est plus ou moins ce qu'on cherche
J'aime rire, chanter et je n'empêche
Pas les gens qui sont bien d'être joyeux
Pourtant s'il est une samba sans tristesse
C'est un vin qui ne donne pas l'ivresse
Un vin qui ne donne pas l'ivresse
Non, ce n'est pas la samba que je veux

J'en connais que la chanson incommode
D'autres pour qui ce n'est rien qu'une mode
D'autres qui en profitent sans l'aimer
Moi je l'aime et j'ai parcouru le monde
En cherchant ses racines vagabondes
Aujourd'hui pour trouver les plus profondes
C'est la samba chanson qu'il faut chanter
On m'a dit qu'elle venait de Bahia
Qu'elle doit s'enrhumer, sa poésie a
Des siècles de danse et de douleurs

(2x)

Mais quel que soit le sentiment qu'elle exprime
Elle est blanche de formes et de rimes
Blanche de formes et de rimes
Elle est nègre, bien nègre dans son cœur

Samba da Bênção

É melhor ser alegre que ser triste
Alegria é a melhor coisa que existe
É assim como a luz no coração

Mas pra fazer um samba com beleza
É preciso um bocado de tristeza
É preciso um bocado de tristeza
Senão, não se faz um samba não

Falado
Senão é como amar uma mulher só linda
E daí? Uma mulher tem que ter
Qualquer coisa além de beleza
Qualquer coisa de triste
Qualquer coisa que chora
Qualquer coisa que sente saudade
Um molejo de amor machucado
Uma beleza que vem da tristeza
De se saber mulher
Feita apenas para amar
Para sofrer pelo seu amor
E pra ser só perdão

Cantado
Fazer samba não é contar piada
E quem faz samba assim não é de nada
O bom samba é uma forma de oração

Porque o samba é a tristeza que balança
E a tristeza tem sempre uma esperança
A tristeza tem sempre uma esperança
De um dia não ser mais triste não

Falado
Feito essa gente que anda por aí
Brincando com a vida
Cuidado, companheiro!
A vida é pra valer
E não se engane não, tem uma só
Duas mesmo que é bom
Ninguém vai me dizer que tem
Sem provar muito bem provado
Com certidão passada em cartório do céu
E assinado embaixo: Deus
E com firma reconhecida!
A vida não é brincadeira, amigo
A vida é arte do encontro
Embora haja tanto desencontro pela vida
Há sempre uma mulher à sua espera

Com os olhos cheios de carinho
E as mãos cheias de perdão
Ponha um pouco de amor na sua vida
Como no seu samba

Cantado
Ponha um pouco de amor numa cadência
E vai ver que ninguém no mundo vence
A beleza que tem um samba, não

Porque o samba nasceu lá na Bahia
E se hoje ele é branco na poesia
Se hoje ele é branco na poesia
Ele é negro demais no coração

Falado
Eu, por exemplo, o capitão do mato
Vinícius de Moraes
Poeta e diplomata
O branco mais preto do Brasil
Na linha direta de Xangô, saravá!
A bênção, Senhora
A maior ialorixá da Bahia
Terra de Caymmi e João Gilberto
A bênção, Pixinguinha
Tu que choraste na flauta
Todas as minhas mágoas de amor
A bênção, Sinhô, a benção, Cartola
A bênção, Ismael Silva
Sua bênção, Heitor dos Prazeres
A bênção, Nelson Cavaquinho
A bênção, Geraldo Pereira
A bênção, meu bom Cyro Monteiro
Você, sobrinho de Nonô
A bênção, Noel, sua bênção, Ary
A bênção, todos os grandes
Sambistas do Brasil
Branco, preto, mulato
Lindo como a pele macia de Oxum
A bênção, maestro Antonio Carlos Jobim
Parceiro e amigo querido
Que já viajaste tantas canções comigo
E ainda há tantas por viajar
A bênção, Carlinhos Lyra

Parceiro cem por cento
Você que une a ação ao sentimento
E ao pensamento
A bênção, a bênção, Baden Powell
Amigo novo, parceiro novo
Que fizeste este samba comigo
A bênção, amigo
A bênção, maestro Moacir Santos
Não és um só, és tantos como
O meu Brasil de todos os santos
Inclusive meu São Sebastião
Saravá! A bênção, que eu vou partir
Eu vou ter que dizer adeus

Cantado
Ponha um pouco de amor numa cadência
E vai ver que ninguém no mundo vence
A beleza que tem um samba, não

Porque o samba nasceu lá na Bahia
E se hoje ele é branco na poesia
Se hoje ele é branco na poesia
Ele é negro demais no coração

Vivre sans vivre/ Samba em prelúdio

Adaptação francesa de "Samba em prelúdio", de Vinícius de Moraes e Baden Powell, gravada por Yves Duteil.

La vie sans toi
Le cœur à l'envers
C'est l'eau sans la mer
C'est froid comme l'hiver
C'est long comme la nuit
C'est lourd comme l'ennui
La nuit sans l'aurore
C'est long comme la mort

La vie sans toi
Vers qui et vers quoi
Le sol sous mes pas
Se dérobera
Tout seul sur la Terre
Le cœur en enfer

Dieu me garde de vivre un seul jour
Sans toi

Vivre sans vivre
Moi qui n'ai jamais su marcher
Que pour te suivre
Ivre de vivre
Pour respirer l'air que tu respires
Laisser parler nos cœurs sans rien dire

Vivre ou survivre
Sans plus jamais trouver dans tes yeux
La fin du livre
Vivre sans vivre
Dieu me garde de vivre un seul jour
Sans toi

Samba em prelúdio

Eu sem você não tenho porque
porque sem você não sei nem chorar
Sou chama sem luz
jardim sem luar
luar sem amor
amor sem se dar
E eu sem você
sou só desamor
um barco sem mar
um campo sem flor
Tristeza que vai
tristeza que vem
Sem você meu amor eu não sou
ninguém

Ah que saudade
que vontade de ver renascer nossa vida
Volta querido
os meus braços precisam dos teus
Teus abraços precisam dos meus
Estou tão sozinha
tenho os olhos cansados de olhar para o além
Vem ver a vida
Sem você meu amor eu não sou
Ninguém

Fais comme l'oiseau/ Você abusou

Adaptação francesa de "Você abusou", de Antônio Carlos e Jocafi, feita por Pierre Delanoé e gravada por Michel Fugain.

REFRAIN:
Fais comme l'oiseau
Ça vit d'air pur et d'eau fraîche, un oiseau
D'un peu de chasse et de pêche, un oiseau
Mais jamais rien ne l'empêche, l'oiseau, d'aller plus haut

Mais je suis seul dans l'univers
J'ai peur du ciel et de l'hiver
J'ai peur des fous et de la guerre
J'ai peur du temps qui passe, dis
Comment peut on vivre aujourd'hui
Dans la fureur et dans le bruit
Je ne sais pas, je ne sais plus, je suis perdu

REFRAIN
Mais l'amour dont on m'a parlé
Cet amour que l'on m'a chanté
Ce sauveur de l'humanité
Je n'en vois pas la trace, dis
Comment peut on vivre sans lui ?
Sous quelle étoile, dans quel pays ?
Je n'y crois pas, je n'y crois plus, je suis perdu

REFRAIN
Mais j'en ai marre d'être roulé
Par des marchands de liberté
Et d'écouter se lamenter
Ma gueule dans la glace, dis
Est-ce que je dois montrer les dents ?
Est-ce que je dois baisser les bras ?
Je ne sais pas, je ne sais plus, je suis perdu

Você abusou

REFRÃO:
Você abusou, tirou partido de mim, abusou
Você abusou
Tirou partido de mim, abusou

Tirou partido de mim, abusou
Tirou partido de mim, abusou

Mas não faz mal, é tão normal ter desamor
É tão cafona, sofredor
Que eu já nem sei se é meninice ou cafonice o meu amor

Se o quadradismo dos meus versos
Vai de encontro aos intelectos
que não usam o coração como expressão

REFRÃO

Que me perdoem se eu insisto neste tema
Mas não sei fazer poema ou canção
Que fale de outra coisa que não seja o amor
Se o quadradismo dos meus versos
Vai de encontro aos intelectos
que não usam o coração como expressão

Plus haut que moi/ Maria vai com as outras

Adaptação francesa de "Maria vai com as outras", de Vinícius de Morais e Toquinho, feita por Yves Dessca e Jean-Michel Rivat e gravada por France Gall.

REFRAIN:
Un signe de toi,
Je viens me voilà,
Emporte-moi,
La vie, montre-la-moi.

Toi qui fais des bonds plus hauts que moi,
Toi qui sais chanter, chanter plus haut que moi,
Toi que la raison n'arrête pas,
Toi qui sais rêver, emporte-moi,
Saute les murs gris, emporte-moi
Dans ton horizon, ta vie, emporte-moi,
Toi qui vois là-bas plus loin que moi
Et plus haut que moi.

Une rue, des grilles, une ville,
Tout ça me semblait important,
Les lois, les banques et les chiffres,
Voilà qu'auprès de toi ce n'est plus que du vent,

Dis-moi que c'est encore possible
D'essayer de vivre autrement.

REFRAIN

Toi qui fais des bonds plus hauts que moi,
Toi qui sais chanter, chanter plus haut que moi,
Toi que la raison n'arrête pas,
Toi qui sais rêver, emporte-moi,
Saute les murs gris, emporte-moi
Dans ton horizon, ta vie, emporte-moi,
Toi qui vois là-bas plus loin que moi
Et plus haut que moi.

Laisse-moi tenter l'impossible
Et surtout ne ris pas de moi.

REFRAIN

Toi qui fais des bonds plus hauts que moi,
Toi qui sais chanter, chanter plus haut que moi,
Toi que la raison n'arrête pas,
Toi qui sais rêver, emporte-moi,
Saute les murs gris, emporte-moi
Dans ton horizon, ta vie, emporte-moi,
Loin de ma prison, emporte-moi,
Toi qui vois là-bas plus haut que moi.
Toi qui fais des bonds plus hauts que moi,

Toi qui sais chanter, chanter plus haut que moi,
Toi que la raison n'arrête pas,
Toi qui sais rêver, emporte-moi,
Saute les murs gris, emporte-moi

Maria vai com as outras
Maria era uma boa moça
Pra turma lá do Gantois
Era Maria vai com as outras
Maria de cozer, Maria de casar

Porém o que niguém sabia
É que tinha um particular
Além de cozer, além de rezar
Também era Maria de pecar

REFRÃO:
Tumba é caboclo
Tumba lá e cá
Tumba é guerreiro
Tumba lá e cá
Tumba é meu pai
Tumba lá e cá
Não me deixe só

Maria que não foi com as outras
Maria que não foi pro mar
No dia dois de fevereiro
Maria não brincou na festa de Iemanjá

Não foi jogar água de cheiro
Nem flores pra sua Orixá
A Iemanjá pegou e levou
O moço de Maria para o mar

REFRÃO

Até hoje ainda se fala
das rodas lá do Gantois
Que triste era ver Maria
na sala onde ela ia
pra se manisfestar

A gente ainda se admira
seu gira-gira sem parar
Maria girou! Deixaram girar
E a turma não parava de cantar:

REFRÃO

La mésange/ Sabiá

Adaptação francesa de "Sabiá", de Chico Buarque e Tom Jobim, feita por Frank Gérald e gravada por Françoise Hardy.

chante comme la mésange
chante comme
comme tu chantais
pour moi
il y a bien longtemps

que je fasse un long voyage
à travers le temps

chante encore la mésange
chante encore
que je sente l'ombre
de la forêt
qui n'existe plus
l'odeur du vent
qui s'est perdu
et que des fleurs
plus belles que jamais
quittant la prison
délivrent soudain
revivre
revivre

chante encore la mésange
chante encore
que je puisse enfin
revoir l'horizon
au bout du chemin
boire à la fontaine
du lendemain
goûter la saveur
qu'avait chaque jour
lorsque j'attendais
mon premier amour

Sabiá

Vou voltar
Sei que ainda vou voltar
Para o meu lugar
Foi lá e é ainda lá
Que eu hei de ouvir cantar
Uma sabiá

Vou voltar
Sei que ainda vou voltar
Vou deitar à sombra
De um palmeira
Que já não há
Colher a flor
Que já não dá

E algum amor talvez possa espantar
As noites que eu não queira
E anunciar o dia

Vou voltar
Sei que ainda vou voltar
Não vai ser em vão
Que fiz tantos planos
De me enganar
Como fiz enganos
De me encontrar
Como fiz estradas
De me perder
Fiz de tudo e nada
De te esquecer

Vou voltar
Sei que ainda vou voltar
E é pra ficar
Sei que o amor existe
Não sou mais triste
E a nova vida já vai chegar
E a solidão vai se acabar
E a solidão vai se acabar

Berceuse/ Valsa para uma menininha

Adaptação francesa de "Valsa para uma menininha", de Vinícius de Moraes e Toquinho, feita por Georges Moustaki e gravada por Françoise Hardy.

Mon amour
Mon bonheur
Mon tourment
Je veille ton sommeil
Comme on veille un enfant

Les yeux clos
Le visage
Apaisé
Je t'entends respirer
Tu souris en rêvant

J'imagine tes rêves
Peuplés de princesses

De lampes magiques
De grands méchants loups

Mon amour
Reste là
Sans bouger
Sans grandir, sans vieillir
Le temps s'est arrêté

Mon amour
Reste là
Sans parler
Nous sommes dans un monde étranger,
Etranger où les fleurs nous racontent
Des contes de fées
Où toutes les légendes sont réalités

Reste là
Sans bouger
Mon amour
Et s'il faut que demain
Cesse l'enchantement
Et que la vie reprenne son cours
Désormais rien ne sera plus
Tout à fait comme avant

Valsa para uma menininha

Menininha do meu coração
Eu só quero você
A três palmos do chão
Menininha, não cresça mais não
Fique pequenininha na minha canção
Senhorinha levada
Batendo palminha
Fingindo assustada
Do bicho-papão

Menininha, que graça é você
Uma coisinha assim
Começando a viver
Fique assim, meu amor
Sem crescer
Porque o mundo é ruim, é ruim
E você vai sofrer de repente

Uma desilusão
Porque a vida é somente
Teu bicho-papão

Fique assim, fique assim
Sempre assim
E se lembre de mim
Pelas coisas que eu dei
E também não se esqueça de mim
Quando você souber enfim
De tudo o que eu amei

La fille d'Ipanema/ Garota de Ipanema

Adaptação francesa de "A Garota de Ipanema", de Vinicius de Moraes e Tom Jobim, feita por Eddy Marnay e gravada por Jean Sablon e Nana Mouskouri.

Grande, mince, belle et douce
La fille d'Ipanema se pousse
Sur le rivage
Et toute le plage
Fait Ah!...

Elle marche comme une algue
Portée sur l'aile d'une vague
Jusqu'au rivage
Et toute le plage
Fait Ah!...

REFRAIN:
Oh les garçons la regardent
Et leurs idées qui bavardent
Ont des chansons qui s'attardent
Sur le corps de la fille aux yeux clairs
Mais elle, elle ne voit que la mer
Grande, mince, belle et douce
Comme une voile dans sa course
Ils ne voient qu'elle
Mais elle ne voit que la mer
Elle ne voit que la mer...

REFRAIN

Garota de Ipanema

Olha que coisa mais linda
Mais cheia de graça
É ela menina
Que vem e que passa
Num doce balanço, a caminho do mar

Moça do corpo dourado
Do sol de Ipanema
O seu balançado é mais que um poema
É a coisa mais linda que eu já vi passar

Ah, porque estou tão sozinho
Ah, porque tudo é tão triste
Ah, a beleza que existe
A beleza que não é só minha
E também passa sozinha

Ah, se ela soubesse
Que quando ela passa
O mundo inteirinho se enche de graça
E fica mais lindo
Por causa do amor

Les eaux de mars/ Águas de março

Adaptação francesa de "Águas de março", de Tom Jobim, feita por Georges Moustaki.

Un pas, une pierre, un chemin qui chemine
Un reste de racine, c'est un peu solitaire
C'est un éclat de verre, c'est la vie, le soleil
C'est la mort, le sommeil, c'est un piège entrouvert

Un arbre millénaire, un noeud dans le bois
C'est un chien qui aboie, c'est un oiseau dans l'air
C'est un tronc qui pourrit, c'est la neige qui fond
Le mystère profond, la promesse de vie

C'est le souffle du vent au sommet des collines
C'est une vieille ruine, le vide, le néant
C'est la pie qui jacasse, c'est l'averse qui verse
Des torrents d'allégresse, ce sont les eaux de Mars

C'est le pied qui avance à pas sûr, à pas lent

C'est la main qui se tend, c'est la pierre qu'on lance
C'est un trou dans la terre, un chemin qui chemine
Un reste de racine, c'est un peu solitaire

C'est un oiseau dans l'air, un oiseau qui se pose
Le jardin qu'on arrose, une source d'eau claire
Une écharde, un clou, c'est la fièvre qui monte
C'est un compte à bon compte, c'est un peu rien du tout

Un poisson, un geste, c'est comme du vif argent
C'est tout ce qu'on attend, c'est tout ce qui nous reste
C'est du bois, c'est un jour le bout du quai
Un alcool trafiqué, le chemin le plus court

C'est le cri d'un hibou, un corps ensommeillé
La voiture rouillée, c'est la boue, c'est la boue
Un pas, un pont, un crapaud qui croasse
C'est un chaland qui passe, c'est un bel horizon
C'est la saison des pluies, c'est la fonte des glaces
Ce sont les eaux de Mars, la promesse de vie

Une pierre, un bâton, c'est Joseph et c'est Jacques
Un serpent qui attaque, une entaille au talon
Un pas, une pierre, un chemin qui chemine
Un reste de racine, c'est un peu solitaire

C'est l'hiver qui s'efface, la fin d'une saison
C'est la neige qui fond, ce sont les eaux de Mars
La promesse de vie, le mystère profond
Ce sont les eaux de Mars dans ton coeur tout au fond

Un pas, une "... pedra é o fim do caminho
E um resto de toco, é um pouco sozinho"...
Un pas, une pierre, un chemin qui chemine
Un reste de racine, c'est un peu solitaire...

ÁGUAS DE MARÇO

É pau, é pedra, é o fim do caminho
É um resto de toco, um pouco sozinho
É um caco de vidro, é a vida, é o sol
É a noite, é a morte, é um laço, é o anzol

É peroba do campo, é o nó da madeira
Caingá, candeia, é o Matita Pereira

É madeira de vento, tombo da ribanceira
É o mistério profundo, é o queira ou não queira
É o vento ventando, é o fim da ladeira
É a viga, é o vão, festa da cumeeira
É a chuva chovendo, é conversa ribeira
Das águas de março, é o fim da canseira

É o pé, é o chão, é a marcha estradeira
Passarinho na mão, pedra de atiradeira
É uma ave no céu, é uma ave no chão
É um regato, é uma fonte, é um pedaço de pão

É o fundo do poço, é o fim do caminho
No rosto o desgosto, é um pouco sozinho
É um estrepe, é um prego, é uma ponta, é um ponto
É um pingo pingando, é uma conta, é um conto

É um peixe, é um gesto, é uma prata brilhando
É a luz da manhã, é o tijolo chegando
É a lenha, é o dia, é o fim da picada
É a garrafa de cana, o estilhaço na estrada

É o projeto da casa, é o corpo na cama
É o carro enguiçado, é a lama, é a lama
É um passo, é uma ponte, é um sapo, é uma rã
É um resto de mato, na luz da manhã

REFRÃO:
São as águas de março fechando o verão
É a promessa de vida no teu coração

É uma cobra, é um pau, é João, é José
É um espinho na mão, é um corte no pé

REFRÃO

É pau, é pedra, é o fim do caminho
É um resto de toco, é um pouco sozinho
É um passo, é uma ponte, é um sapo, é uma rã
É um belo horizonte, é uma febre terçã

REFRÃO

pau, pedra, fim, caminho
resto, toco, pouco, sozinho
caco, vidro, vida, sol, noite, morte, laço, anzol

REFRÃO

PORTUGAL/ FADO TROPICAL

Adaptação francesa de "Fado tropical", de Chico Buarque, feita por Georges Moustaki.

Oh muse ma complice
Petite soeur d'exil
Tu as les cicatrices
D'un 21 avril
Mais ne sois pas sévère
Pour ceux qui t'ont déçue
De n'avoir rien pu faire
Ou de n'avoir jamais su

REFRAIN:
A ceux qui ne croient plus
Voir s'accomplir leur idéal
Dis-leur qu'un oeillet rouge
A fleuri au Portugal

On crucifie l'Espagne
On torture au Chili
La guerre du Viêt-Nam
Continue dans l'oubli

Aux quatre coins du monde
Des frères ennemis
S'expliquent par les bombes
Par la fureur et le bruit

REFRAIN

Pour tous les camarades
Pourchassés dans les villes
Enfermés dans les stades
Déportés dans les îles

Oh muse ma compagne
Ne vois-tu rien venir

Je vais comme une flamme
Qui éclaire l'avenir

REFRAIN

Débouche une bouteille
Prends ton accordéon
Que de bouche à oreille
S'envole ta chanson

Car enfin le soleil
Réchauffe les pétales
De mille fleurs vermeilles
En avril au Portugal

Et cette fleur nouvelle
Qui fleurit au Portugal

C'est peut-être la fin
D'un empire colonial

Et cette fleur nouvelle
Qui fleurit au Portugal
C'est peut-être la fin
D'un empire colonial

Fado Tropical
Oh, musa do meu fado
Oh, minha mãe gentil
Te deixo consternado
No primeiro abril

Mas não sê tão ingrata
Não esquece quem te amou
E em tua densa mata
Se perdeu e se encontrou
Ai, esta terra ainda vai cumprir seu ideal
Ainda vai tornar-se um imenso Portugal

"Sabe, no fundo eu sou um sentimental
Todos nós herdamos no sangue lusitano uma boa dosagem de lirismo (além da sífilis, é claro)
Mesmo quando as minhas mãos estão ocupadas em torturar, esganar, trucidar
Meu coração fecha os olhos e sinceramente chora..."

Com avencas na caatinga
Alecrins no canavial
Licores na moringa
Um vinho tropical
E a linda mulata
Com rendas do Alentejo
De quem numa bravata
Arrebata um beijo
Ai, esta terra ainda vai cumprir seu ideal
Ainda vai tornar-se um imenso Portugal

"Meu coração tem um sereno jeito
E as minhas mãos o golpe duro e presto
De tal maneira que, depois de feito
Desencontrado, eu mesmo me contesto

Se trago as mãos distantes do meu peito
É que há distância entre intenção e gesto
E se o meu coração nas mãos estreito
Me assombra a súbita impressão de incesto

Quando me encontro no calor da luta
Ostento a aguda empunhadora à proa
Mas meu peito se desabotoa
E se a sentença se anuncia bruta
Mais que depressa a mão cega executa
Pois que senão o coração perdoa"

Guitarras e sanfonas
Jasmins, coqueiros, fontes
Sardinhas, mandioca
Num suave azulejo
E o rio Amazonas
Que corre Trás-os-montes
E numa pororoca
Deságua no Tejo
Ai, esta terra ainda vai cumprir seu ideal
Ainda vai tornar-se um império colonial
Ai, esta terra ainda vai cumprir seu ideal
Ainda vai tornar-se um império colonial

FIO MARAVILHA/ FIO MARAVILHA

Adaptação francesa de "Fio Maravilha", de Jorge Ben, feita por Nicoletta e gravada por Boris Bergman.

Ton palais était trois bouts de tôles
Deux planches de bois
Un paradis de bidonvilles
Qui s'appelle Favela
Sur les bidons on peut aussi
Faire de la musique
Et refaire l'Amérique

REFRAIN:
Fio Maravilha, ton père c'était le soleil
Fio Maravilha, musique et toi c'est pareil
Fio Maravilha, elle était pauvre ta mère
Fio Maravilha, et ta mère c'est la terre

Du ciel et de la terre
C'est la conspiration
Ton père a fait un pays
Qui soit l'enfant des chansons
De tes cheveux
On a fait trois cordes de guitare
Aux harmonies un peu bizarres

REFRAIN

Ta peau est aussi sombre
Que l'air des marinas
Car partout le soleil
S'est approché de toi
Bien sûr tu n'apprends rien à l'école
Car ton école c'est l'école des sambas

REFRAIN
Fio Maravilha ...
Fio Maravilha ...

FIO MARAVILHA

E novamente ele chegou com inspiração
Com muito amor, com emoção, com explosão em gol
Sacudindo a torcida aos 33 minutos do segundo tempo
Depois de fazer uma jogada celestial em gol

Tabelou, driblou dois zagueiros
Deu um toque, driblou o goleiro
Só não entrou com bola e tudo
Porque teve humildade em gol

Foi um gol de classe
Onde ele mostrou sua malícia e sua raça

Foi um gol de anjo, um verdadeiro gol de placa
E a galera agradecida se encantava
Foi um gol de anjo, um verdadeiro gol de placa
E a galera agradecida assim cantava

REFRÃO:
Fio maravilha, nós gostamos de você
Fio maravilha, faz mais um pra gente ver

Bidonville/ Berimbau

Adaptação francesa de "Berimbau", de Vinícius de Moraes e Baden Plowell, feita por Claude Nougaro.

Regarde là, ma ville.
Elle s'appelle Bidon,
Bidon, Bidon, Bidonville.
Vivre là-dedans, c'est coton.
Les filles qui ont la peau douce
La vendent pour manger.
Dans les chambres, l'herbe pousse.
Pour y dormir, faut se pousser.
Les gosses jouent, mais le ballon,
C'est une boîte de sardines, Bidon.

REFRAIN:
Donne-moi ta main, camarade,
Toi qui viens d'un pays
Où les hommes sont beaux.
Donne-moi ta main, camarade.
J'ai cinq doigts, moi aussi.
On peut se croire égaux.

Regarde là, ma ville.
Elle s'appelle Bidon,
Bidon, Bidon, Bidonville.

Me tailler d' ici, à quoi bon?
Pourquoi veux-tu que je me perde
Dans tes cités ? A quoi ça sert?
Je verrais toujours de la merde,
Même dans le bleu de la mer.
Je dormirais sur des millions,
Je reverrais toujours, toujours Bidon.

REFRAIN

Serre-moi la main, camarade.
Je te dis: "Au revoir".
Je te dis: "À bientôt".
Bientôt, bientôt,
On pourra se parler, camarade.
Bientôt, bientôt,
On pourra s' embrasser, camarade.
Bientôt, bientôt,
Les oiseaux, les jardins, les cascades.
Bientôt, bientôt,
Le soleil dansera, camarade.

Bientôt, bientôt,
Je t'attends, je t'attends, camarade.

Berimbau

Quem é homem de bem
Não trai!
O amor que lhe quer
Seu bem!
Quem diz muito que vai
Não vai!
Assim como não vai
Não vem!...

Quem de dentro de si
Não sai!
Vai morrer sem amar
Ninguém!
O dinheiro de quem
Não dá
É o trabalho de quem
Não tem!
Capoeira que é bom

Não cai!
E se um dia ele cai
Cai bem!...

REFRÃO:
Capoeira me mandou
Dizer que já chegou
Chegou para lutar
Berimbau me confirmou
Vai ter briga de amor
Tristeza camará...

Se não tivesse o amor (2x)
Se não tivesse essa dor (2x)
E se não tivesse o sofrer (2x)
E se não tivesse o chorar (2x)
Melhor era tudo se acabar (2x)

Eu amei, amei demais
O que eu sofri por causa de amor ninguém sofreu
Eu chorei, perdi a paz
Mas o que eu sei é que ninguém nunca teve mais, mais do que eu

REFRÃO

Hê! Hê! Camará!
Hê! Hê! Camará!

Tu verras/ O que será (À flor da pele)

Adaptação francesa de "O que será", de Chico Buarque, feita por Claude Nougaro.

Ah, tu verras, tu verras
Tout recommencera, tu verras, tu verras
L'amour c'est fait pour ça, tu verras, tu verras
Je ferai plus le con, j'apprendrai ma leçon
Sur le bout de tes doigts, tu verras, tu verras
Tu l'auras, ta maison avec des tuiles bleues
Des croisées d'hortensias, des palmiers plein les cieux
Des hivers crépitants, pres du chat angora
Et je m'endormirai, tu verras, tu verras
Le devoir accompli, couché tout contre toi
Avec dans mes greniers, mes caves et mes toits
Tous les rêves du monde

Ah, tu verras, tu verras
Tout recommencera, tu verras, tu verras
La vie, c'est fait pour ça, tu verras, tu verras
Tu verras mon stylo emplumé de soleil
Neiger sur le papier l'archange du réveil
Je me réveillerai, tu verras, tu verras
Tout rayé de soleil, ah, le joli forçat!
Et j'irai réveiller le bonheur dans ses draps
Je crèverai son sommeil, tu verras, tu verras
Je crèverai le sommier, tu verras, tu verras
En t'inventant l'amour dans le coeur de mes bras
Jusqu'au matin du monde

Ah, tu verras, tu verras
Tout recommencera, tu verras, tu verras
Le diable est fait pour ça, tu verras, tu verras
Je ferai le voyou, tu verras, tu verras
Je boirai comme un trou et qui vivra mourra
Tu me ramasseras dans tes yeux de rosée
Et je t'insulterai dans du verre brisé
Je serai fou furieux, tu verras, tu verras
Contre toi, contre tous, et surtout contre moi
La porte de mon coeur grondera, sautera
Car la poudre et la foudre, c'est fait pour que les rats
Envahissent le monde

Ah, tu verras, tu verras
Tout recommencera, tu verras, tu verras
Mozart est fait pour ça, tu verras, entendras
Tu verras notre enfant étoilé de sueur
S'endormir gentiment à l'ombre de ses soeurs
Et revenir vers nous scintillant de vigueur
Tu verras mon ami dans les os de mes bras
Craquer du fin bonheur de se sentir aidé
Tu me verras, chérie, allumer des clartés
Et tu verras tous ceux qu'on croyait décédés
Reprendre souffle et vie dans la chair de ma voix
Jusqu'à la fin des mondes

Ah, tu verras, tu verras

O QUE SERÁ (À FLOR DA PELE)

O que será que será
Que andam suspirando
Pelas alcovas?
Que andam sussurrando
Em versos e trovas?
Que andam combinando
No breu das tocas?
Que anda nas cabeças?
Anda nas bocas?
Que andam acendendo
Velas nos becos?
Estão falando alto
Pelos botecos
E gritam nos mercados
Que com certeza
Está na natureza
Será, que será?
O que não tem certeza
Nem nunca terá!
O que não tem concerto
Nem nunca terá!
O que não tem tamanho...

O que será? Que será?
Que vive nas idéias
Desses amantes
Que cantam os poetas
Mais delirantes
Que juram os profetas
Embriagados
Está na romaria
Dos mutilados
Está nas fantasias
Dos infelizes
Está no dia a dia
Das meretrizes
No plano dos bandidos
Dos desvalidos
Em todos os sentidos
Será, que será?
O que não tem decência
Nem nunca terá!
O que não tem censura

Nem nunca terá!
O que não faz sentido...

O que será? Que será?
Que todos os avisos
Não vão evitar
Porque todos os risos
Vão desafiar
Porque todos os sinos
Irão repicar
Porque todos os hinos
Irão consagrar
E todos os meninos
Vão desembestar
E todos os destinos
Irão se encontrar
E mesmo padre eterno
Que nunca foi lá
Olhando aquele inferno
Vai abençoar!
O que não tem governo
Nem nunca terá!
O que não tem vergonha
Nem nunca terá!
O que não tem juízo... (2x)

Brésilien/ Viramundo

Adaptação francesa de "Viramundo", de Capinan e Gilberto Gil, feita por Claude Nougaro.

Brésilien mon frère d'armes
Sur le parcours du coeur battant
Toi qui ris avec tes larmes
O toi qui pleures avec tes dents
Viens visiter l'occident
Ici les chanteurs de charme
Sont morts depuis bien longtemps
Brésilien mon frère d'armes
Sur le parcours du coeur battant
Toi qui ris avec tes larmes
Emperlant de dents tes cils
Débarque avec ton Brésil

Brésilien l'amour est rude

Voici l'herbe enlève les grains
Tu vas nous jouer l'étude
La douce étude du chagrin
Tu vas nous toucher un brin
Ta guitare plénitude
Libère-nous de nos freins
Brésilien l'amour est rude
Voici l'herbe enlève les grains
Ta guitare plénitude
Caresse-lui le nombril
Débarque avec ton Brésil

Brésilien la nuit est belle
Sous son grand loup de carnaval
Ta musique me ficelle
Tel un cordon ombilical
A son ventre de cristal
Dont le pistil n'étincelle
Que pour mon bonheur buccal
Brésilien la nuit est belle
Sous son grand loup de carnaval
Ta musique me ficelle
Comme un fils à son Brésil
Débarque avec ton Brésil
Débarque avec ton Brésil

Viramundo

Sou viramundo virado
Nas rondas da maravilha
Cortando a faca e facão
Os desatinos da vida
Gritando para assustar
A coragem da inimiga
Pulando pra não ser preso
Pelas cadeias da intriga
Prefiro ter toda a vida
A vida como inimiga
A ter na morte da vida
Minha sorte decidida
Sou viramundo virado
Pelo mundo do sertão
Mas inda viro este mundo
Em festa, trabalho e pão
Virado será o mundo

E viramundo verão
O virador deste mundo
Astuto, mau e ladrão
Ser virado pelo mundo
Que virou com certidão
Ainda viro este mundo
Em festa, trabalho e pão

QUANDU TU CHANTES/ CANTA CANTA, MINHA GENTE

Adaptação francesa de "Canta minha gente", de Martinho da Vila, feita por Pierre Delano.

REFRAIN:
Quand tu chantes (2x)
Tu ne sais pas pourquoi
Quand tu chantes (2x)
Quand tu chantes ça va (5x)

A l'instant du réveil
Pour des joies futiles (2x)
Pour la pluie le soleil
Et pour l'impossible (2x)
Il y a des matins
Plus mélancoliques (2x)
T'en fais pas trop pour la République
Il faut laisser passer la musique

Quand tu chantes (2x)
Même si ça ne va pas
Quand tu chantes (2x)
Quand tu chantes ça va

REFRAIN

Un jour pour l'amour éternel
Pour le tour du monde (2x)
Un jour pour les filles
Qui sont belles et la route longue
Et la route longue
Un jour où le temps qui passe
Pour un jour de fête (2x)
Pour chanter surprenant dans la tête
On n'a pas besoin d'être un vrai poète

REFRAIN

Tu ne sais pas pourquoi
Quand tu chantes (2x)
Quand tu chantes ça va (ad libitum)

Canta canta, minha gente

REFRÃO:
Canta canta, minha gente
Deixa a tristeza pra lá
Canta forte, canta alto
Que a vida vai melhorar (5X)

Cantem o samba de roda
O samba-canção
E o samba rasgado
Cantem o samba de breque
O samba moderno
E o samba quadrado...

Cantem ciranda, o frevo
O coco, maxixe
Baião e xaxado
Mas não cantem
Essa moça bonita
Porque ela está
Com o marido do lado...

REFRÃO

Que a vida vai melhorar (3x)
A vida vai melhorar

Quem canta seus males espanta
Lá em cima do morro
Ou sambando no asfalto
Eu canto o sambaenredo
Um sambinha lento
E um partido alto...

Há muito tempo não ouço
O tal do samba sincopado
Só não dá pra cantar mesmo
É vendo o sol nascer quadrado...

REFRÃO

Que a vida vai melhorar
Que a vida vai melhorar
Mas eu disse:
Que vai melhorar
Que a vida vai melhorar
Ora se vai melhorar
Que a vida vai melhorar
Mas será que vai melhorar?
Que a vida vai melhorar
Eu já vou é me mandar
Que a vida vai melhorar
Que a vida vai melhorar...

QUI C'EST CELUI-LÀ?/ PARTIDO ALTO

Adaptação francesa de "Partido alto", de Chico Buarque, gravada por Pierre Vassiliu.

REFRAIN:
Qu'est-ce qu'il fait, qu'est-ce qu'il a, qui c'est celui-là?
Complètement toqué, ce mec-là, complètement gaga
Il a une drôle de tête ce type-là
Qu'est-ce qu'il fait, qu'est-ce qu'il a?
Et puis sa bagnole les gars
Elle est drôlement bizarre les gars
ça s'passera pas comme ça.

Je ne suis pas un play boy, je ne paie pas de mine,
Avec ma grosse moustache et mon long nez de fouine
Mais je ne sais pas pourquoi quand je souris aux filles
Elles veulent toujours m'emmener coucher dans leur famille
Et leurs maris disent de moi...

REFRAIN

Ce n'est pas ma faute à moi si les femmes mariées
Préfèrent sortir avec moi pour jouer à la poupée
Elles aiment mes cheveux blonds et mes yeux polissons
Mais je crois qu'ce qu'elles préfèrent c'est mon p'tit ventre rond
Et leurs maris disent de moi...

REFRAIN

Si vous saviez comme c'est beau, d'être bien dans sa peau
Je bois mon pastis au bar avec le chef de gare
Je me gare n'importe où j'vous jure que j'suis heureux
Mais ça emmerde les gens quand on vit pas comme eux
Et les gens disent de moi...

REFRAIN

Voyant que sur cette terre tout n'était que vice
Et que pour faire des affaires je manquais de malice
Je montai dans mon engin interplanétaire
Et je ne remis jamais les pieds sur la terre.
Et les hommes disent de moi...

REFRAIN

Qu'est-ce qu'il fait, qu'est-ce qu'il a, qui c'est celui-là?
Il a un drôle d'accent ce gars-là
L'as une drôle de voix
On va pas se laicher faire les gars
Qu'est-ce qu'il fait, qu'est-ce qu'il a
Non mais cha va pas, mon p'tit gars
On va l'mettre en prison ce type-là
S'il continue comme ça.

Partido Alto

REFRÃO (2x):
Diz que deu
Diz que dá
Diz que Deus dará
não vou duvidar, ó nega
E se Deus não dá
Como é que vai ficar, ó nega
Deus dará, Deus dará
Diz que deu diz que dá
Diz que Deus dará
Não vou duvidar, ó nega
E se Deus negar
Eu vou me indignar e chega
Deus dará Deus dará
Diz que Deus diz que dá
Diz que Deus dará

Deus é um cara gozador

Adora brincadeira
Pois pra me jogar no mundo
Tinha o mundo inteiro
Mas achou muito engraçado me botar cabreiro
Na barriga da miséria
Nasci brasileiro
Eu sou do Rio de Janeiro

REFRÃO

Jesus Cristo ainda me paga, um dia ainda explica
Como é que pôs no mundo essa pouca titica
Vou correr o mundo afora, dar uma canjica
Que é pra ver se alguém se amarra ao ronco da cuíca
E aquele abraço pra quem fica

REFRÃO

Deus me deu mão de veludo, pra fazer carícia
Deus me deu muita saudade e muita preguiça
Deus me deu perna comprida e muita malícia
Pra correr atrás de bola e fugir da polícia
Um dia ainda sou notícia

REFRÃO
Deus me fez um cara fraco, desdentado e feio
Pele e osso simplesmente, quase sem recheio
Mas se alguém me desafia e bota a mãe no meio
Dou pernada três por quatro, e nem me despenteio
Que eu já tô de saco cheio

LA VIE ÇA VA/ NOSSA GENTE (AVISA LÁ)

Adaptação francesa de "Nossa gente (Avisa lá)", de Roque Carvalho, gravada por Pierre Vassiliu.

Allez, ça va, on a dit qu'on faisait la fête
C'est ça, on oublie tout, on se fait tourner la tête
On s'arrange un peu, on se fait beau
Je m'recoiffe, je m'fais digne, je suis un vrai gringo
On dirait un champignon sous un sombrero

Quand la vie n'est pas jojo, vaut mieux la danser
Même faire n'importe quoi mais surtout danser
Moi ça me plaît, c'est comme ça, faut pas me briser les noix

Quand j'ai ma p'tite idée, c'est pas de la purée de poix

Depuis que je suis sur la Terre, pas très grand, déjà tout petit
Je planquais déjà mes arrières, tu crois ça
Car il faut se méfier dans ce beau métier-là

REFRAIN:
La vie ça va, la vie ça va, la vie ça va, oh oh
La vie ça va, oh oh
La vie ça va, la vie ça va, la vie ça va, oh oh
La vie ça va, oh oh

Ah ce s'rait bien, ce s'rait beau d'pas trop s'en faire
Juste se dire qu'on pourrait parler aux Dieux
Leur dire: mais venez-donc, mes pépères sur la Terre
Voir le bordel, la misère, tous ces gamins qu'ont l'air vieux
Voir la patience, le courage qu'il nous faut pour être heureux

Quand la vie n'est pas jojo, vaut mieux la danser
Arracher sa liberté et puis la danser
Moi, ça me plaît, c'est comme ça, faut pas me briser les noix
Oubliés tous les cons qui vous font perdre la foi
Depuis que je traine sur la Terre
On me dit toujours pas c'que j'fais là
Eh bien j'ai percé le mystère, je crois
Alors je pense à vous et je dors avec toi

REFRAIN

Allez ça va, on a dit qu'on faisait la fête
C'est ça, on oublie tout on se fait tourner la tête
On s'harnache un peu, on se fait beau
Je m'recoiffe et me poudre ma gueule de Pierrot
Tout blanc sur le dehors et noir sous le museau

Quand la vie n'est pas jojo, vaut mieux la danser
Même si je danse comme un barjot, c'est pour m'éclater
Moi ça me plaît, c'est comme ça, faut pas me briser les noix
Quand j'ai ma p'tite idée, c'est pas de la purée de poix

Depuis que je suis sur la terre, on m'dit toujours pas c'que j'fais là
Et je vais pas percer le mystère, ma foi
Alors je bois des coups et me nique le foie

REFRAIN

Nossa gente (Avisa lá)

Avisa lá que eu vou chegar mais tarde,
Vou me juntar ao Olodum que é da alegria
É denominado de vulcão

O estampido ecoou nos quatro cantos do mundo
Em menos de um minuto, em segundos
Nossa gente é quem bem diz é quem mais dança

Os gringos se afinavam na folia
Os deuses igualando todo o encanto toda a transa
Os rataplans dos tambores gratificam

Quem fica não pensa em voltar
Afeição à primeira vista
O beijo-batom que não vai mais soltar
A expressão do rosto identifica

REFRÃO:
Avisa lá, avisa lá, avisa lá ô ô
Avisa lá que eu vou
Avisa lá, avisa lá, avisa lá ô ô
Avisa lá que eu vou

Avisa lá que eu vou chegar mais tarde,
Que ta na área a Ivetinha a alegria
É denominada de vulcão

O estampido ecoou nos quatro cantos do mundo
Em menos de um minuto, num segundos
Nossa gente é quem bem diz é quem mais dança

Os gringos se afinavam na folia
Os deuses igualando todo o encanto toda a transa
Os rataplans dos tambores gratificam

Quem fica não pensa em voltar
Afeição à primeira vista
O beijo-batom que não vai mais soltar
A expressão do rosto identifica

REFRÃO

Agora vamos cantar com Bia Krieger, que faz muito sucesso na França com sua voz harmoniosa e suas adaptações excelentes:

Amour secret/ Meu bem-querer

Adaptação francesa de "Meu bem-querer", de Djavan, feita por Bia Krieger.

Amour secret
Mon amour inlassable
Mon inaltérable feu
Défendu

Amour sacré
Mon tabou, ma voyance
Parole et silence
Mal et salut

Amour sacré
Amour tendre
Mon coeur est en cendres
Le temps a scellé mon sort
Et je meurs brûlée
Renais et brûle et meurs encore

Meu bem-querer

Meu bem-querer
É segredo, é sagrado
Está sacramentado
Em meu coração
Meu bem-querer
Tem um quê de pecado
Acariciado pela emoção

Meu bem-querer
Meu encanto,
Estou sofrendo tanto
Amor, e o que é o sofrer
Para mim que estou
Jurado pra morrer de amor

Coeur vagabond/ Coração vagabundo

Adaptação francesa de "Coração vagabundo", de Caetano Veloso, feita por Bia Krieger.

Mon coeur a tant d'espérance
Mon coeur en enfance
Désire et attend l'inconnu

Mon coeur en adolescence
N'est pas que l'absence
D'une ombre incertaine entrevue

Qui traversant mes rêves
Sans un mot d'adieu
A laissé dans mes yeux
L'interminable pluie

Mon coeur est un vagabond
Il veut garder le monde
En lui

Mon coeur est un vagabond
Il garderait le monde
En lui

Coração vagabundo

Meu coração não se cansa
De ter esperança
De um dia ser tudo o que quer

Meu coração de criança
Não é só a lembrança
De um vulto feliz de mulher

Que passou por meus sonhos
Sem dizer adeus
E fez dos olhos meus
Um chorar mais sem fim

Meu coração vagabundo
Quer guardar o mundo
Em mim

Meu coraçao vagabundo
Quer guardar o mundo
Em mim

PORTRAIT EN NOIR ET BRANC/ RETRATO EM BRANCO-E-PRETO

Adaptação francesa de "Retrato em branco e preto", de Tom Jobim, feita por Bia Krieger.

J'ai souvent marché sur ce chemin
Qui ne me mène à rien de rien
Ses secrets je les connais trop
J'en connais les pièges et les détours
Et je sais qu'un jour à mon tour
J'y laisserai jusqu'à ma peau
Mais comment faire pour qu'il s'efface
Cet envoûtement tenace
Qui me hante
Que je chasse
Qui me tourmente pourtant?
De ses souvenirs si dérisoires
Vieilles amours, vieilles histoires
Vieux portraits en noir et blanc

Me voilà partie vers mon mirage
Rechercher le vieux naufrage
Que j'ai tellement bien connu
A moi les nuits blanches, les poèmes,
L'oeil cerné, les matins blêmes
Je t'écris, je n'en peux plus
Je veux te parler des errances
De mes pauvres espérances
Des sonnets que je balance
Pour personne au gré du vent
Une épave en plus à la dérive
Un coeur en sang, une plaie vive
Un portrait en noir et blanc

RETRATO EM BRANCO-E-PRETO

Já conheço os passos dessa estrada
Sei que não vai dar em nada
Seus segredos sei de cor
Já conheço as pedras do caminho,
E sei também que ali sozinho
Eu vou ficar tanto pior
E o que é que eu posso contra o encanto,
Desse amor que eu nego tanto
Evito tanto e que, no entanto,
Volta sempre a enfeitiçar
Com seus mesmos tristes, velhos fatos,

Que num álbum de retratos
Eu teimo em colecionar

Lá vou eu de novo como um tolo,
Procurar o desconsolo,
Que cansei de conhecer
Novos dias tristes, noites claras,
Versos, cartas, minha cara
Ainda volto a lhe escrever
Pra lhe dizer que isso é pecado,
Eu trago o peito tão marcado
De lembranças do passado e você sabe a razão
Vou colecionar mais um soneto,
Outro retrato em branco-e-preto
A maltratar meu coração

La Nuit de Mon Amour/ A NOITE DO MEU BEM

Adaptação francesa de "A noite do meu bem", de Dolores Duran, feita e cantada por Bia Krieger.

Ce soir
Je veux trouver la rose la plus belle
Et la première étoile qui m'appelle
Pour célébrer la nuit de mon amour

Ce soir
Je veux la paix des enfants qui s'endorment
Je veux l'écho d'une vie qui se forme
Pour célébrer la nuit de mon amour

Ce soir
Je veux la joie d'un voilier que s'élance
Et l'abandon d'une main qui s'avance
Pour célébrer la nuit de mon amour

Ce soir
Je voudrais toute la beauté du monde
Pour que ce soit la nuit la plus profonde
Puisqu'elle sera la nuit de mon amour

Portant
Ces joies soudain me semblent incertaines

Je ne peux croire qu'elle serait vaine
Cette espérance qui me vient de toi

Ah...
Mais cet amour tant me tarde à venir
Que je ne sais plus comment retenir
Cette tendresse
Que je veux offrir...

A noite do meu bem

Hoje eu quero a rosa mais linda que houver
E a primeira estrela que vier
Para enfeitar a noite do meu bem
Hoje eu quero a paz de criança dormindo
E o abandono das flores se abrindo
Para enfeitar a noite do meu bem
Quero a alegria de um barco voltando
Quero a ternura de mãos se encontrando
Para enfeitar a noite do meu bem
Ah! Eu quero o amor mais profundo
Eu quero toda a beleza do mundo
Para enfeitar a noite do meu bem
Ah! Como este bem demorou a chegar
Eu já nem sei se terei no olhar
Toda a ternura que eu quero lhe dar.

Comme une vague/ Como uma onda

Adaptação francesa de "Como uma onda", de Lulu Santos e Nelson Motta, feita por Bia Krieger.

Rien ne sera comme avant
D'avoir été frôlé par le temps fugace
Tout s'en va, s'envole, passe
Passera
La vie s'en vient en vagues comme
L'océan
Qui ne s'endort ni se lasse

Tout ce qui se voit n'est pas
Pareil à ce qu'on verra dans une seconde
Tout renait toujours des cendres
Du monde
A quoi bon tenter d'écrire

Retenir
Sur le sable la trace
Elle arrive et tout s'efface
Et l'on recommence
Comme une vague qui va

Como uma onda

Nada do que foi será
De novo do jeito que já foi um dia
Tudo passa, tudo sempre
Passará
A vida vem em ondas como
Mar
Num indo e vindo infinito

Tudo o que se vê não é igual
Ao que a gente viu há um segundo
Tudo muda o tempo todo
No mundo
Não adianta fugir
Nem mentir a si mesmo
Agora
Há tanta vida lá fora
Aqui dentro, sempre
Como uma onda no mar

À la fontaine/ Lavadeira do rio

Adaptação francesa de "Lavadeira do rio", de Lenine e Bráulio Tavares.

Toi qui laves à la fontaine
T'as trop d'affaires à laver
Et du savon, Marjolaine
T'en auras jamais assez

Mais va-t'en courant à la plage
Va voir le vent qui se bat
Écoute le bruit des vagues
Qui creusent le sable
Et qui brisent les mâts

Eh Oh, le vent me secoue
Eh Oh, j'attends sous la pluie
Eh Oh, je veux mon amour
Avant la tempête, avant la nuit

Oh vite, reviens Isabelle
Ne t'occupe pas des garçons
Quand on est pauvre et si belle
Il faut bien faire attention

Mais vite, reviens Isabelle
Tu connais les filles d'ici
Qui ne sont pas demoiselles
Mais qui n'ont pas de mari

Mais vite, tu rentres Isabelle
Tu sais que les filles ici
Ne restent pas demoiselles
Mais n'ont jamais de mari

Lavadeira do rio

Ah! Lavadeira do rio
Muito lençol pra lavar
Fica faltando uma saia
Quando o sabão se acabar
Mas corra pra beira da praia
Veja a espuma brilhar
Ouça o barulho bravio
Das ondas que batem na beira do mar
Ê, ô, o vento soprou
Ê, ô, a folha caiu
Ê, ô, cadê meu amor
Que a noite chegou fazendo frio
Ô, Rita, tu sai da janela
Deixe esse moço passar
Quem não é rica, e é bela
Não pode se descuidar
Ô, Rita tu sai da janela
Que as moças desse lugar
Nem se demora donzela
Nem se destina a casar
Ê, ô, o vento soprou...

Appel/ Apelo

Adaptação francesa de "Apelo", de Vinicius de Moraes e Baden Powell, feita por Bia Krieger.

Viens, mon amour avant l'orage
Ne vois-tu pas les nuages
Comme il fait soudain si lourd?
Viens, vole vite, à perdre haleine
Sous la terre encore sereine
Je sens le torrent qui sourd

Ah, mon amour, quel temps étrange
Le ciel est voilé d'orange
Tous les oiseaux se sont tus
Viens, je sens venir des rafales
Qui arracheraient les voiles
De voiliers déjà perdus

Viens , mon amour le ciel est sombre
Mais cachés dans la pénombre
Nourricière de la nuit
Nous pourrons faire le long voyage
Et que les risées sauvages
Nous emmènent loin d'ici

Viens, on a la foi souveraine
Un amour qui vaut la peine
Un pays nous attend là-bas
Viens, je veux vivre et je t'appelle
On n'a qu'à battre des ailes
Le vent nous emportera

Apelo

Ah, meu amor não vás embora
Vê a vida como chora, vê que triste esta canção
Não, eu te peço, não te ausentes
Pois a dor que agora sentes, só se esquece no perdão
Ah, minha amada me perdoa
Pois embora ainda te doa a tristeza que causei
Eu te suplico não destruas tantas coisas que são tuas
Por um mal que eu já paguei

Ah, minha amada, se soubesses
Da tristeza que há nas preces
Que a chorar te faço eu

Se tu soubesses num momento todo arrependimento
Como tudo entristeceu
Se tu soubesses como é triste
Perceber que tu partiste
Sem sequer dizer adeus

Ah, meu amor tu voltarias
E de novo cairias
A chorar nos braços meus

(*falado por Vinícius de Moraes*)
De repente do riso fez-se o pranto,
Silencioso e branco como a bruma
E das bocas unidas fez-se a espuma
E das mãos espalmadas fez-se o espanto.

De repente da calma fez-se o vento,
Que dos olhos desfez a última chama,
E da paixão fez-se o pressentimento,
E do momento imóvel fez-se o drama.

De repente não mais que de repente,
Fez-se de triste o que se fez amante
E de sozinho que se fez contente.

Fez-se do amigo próximo, o distante,
Fez-se da vida uma aventura errante,
De repente não mais que de repente.

(*novamente no ritmo da música*)
Ah, meu amor tu voltarias
E de novo cairias
A chorar nos braços meus.

Ah, meu amor tu voltarias
E de novo cairias
A chorar nos braços meus.

BARBARA/ BÁRBARA

Adaptação francesa de "Bárbara", de Chico Buarque e Ruy Guerra.

REFRAIN:
Barbara, Barbara
Viens le temps ne s'arrête pas

Dans le vent, dans le froid
Mon amour, appelle-moi

Je sais qu'il est écrit que je viendrais
À la lune nouvelle
Fragile et nue je roulerai dans tes dentelles
O laisse-moi te protéger du ciel et de la terre
En éveillant de mes caresses
Ta couche solitaire

REFRAIN:
Barbara, Barbara
Viens le temps ne s'arrête pas
Dans le vent, dans le froid
Mon amour, appelle-moi

Amour viens m'habiller de tes cheveux
Tes lèvres dans mes lèvres
Immergeons-nous dans la nuit sombre de nos rêves
Toutes les deux nous brûlerons
Jusqu'à l'apaisement
De ce torrent de lave lente
Comme une coulée de sang

REFRAIN

BÁRBARA

REFRÃO:
Bárbara, Bárbara
Nunca é tarde, nunca é demais
Onde estou, onde estás
Meu amor, vem me buscar

O meu destino é caminhar assim
Desesperada e nua
Sabendo que no fim da noite serei tua
Deixa eu te proteger do mal, dos medos e da chuva
Acumulando de prazeres teu leito de viúva

REFRÃO

Vamos ceder enfim à tentação
Das nossas bocas cruas
E mergulhar no poço escuro de nós duas

Vamos viver agonizando uma paixão vadia
Maravilhosa e transbordante, como uma hemorragia

REFRÃO

Rémi/ A Rita

Adaptação francesa de "A Rita", de Chico Buarque.

Rémi m'a volé le sourire
Son sourire à lui s'est envolé
Il avait pour bagage un morceau de ma vie
Ma raison, mes idées, mes soucis
Il a pris ses clés, son mouchoir, ses papiers
Ses Tintins
Il a pris ses lubies d'artiste
Et mon disque d'Higelin
Rémi m'a laissé toute vidée
Lessivée
Dans le silence hébétée
Il a pas pris de son
Il n'avait rien du tout
Mais bonjour les dommages
Adieu mon courage, il a pris mes vingt ans
Il a volé mes plans, Rémi m'a pris l'espoir
Mais pire que tout il a tordu le cou à ma guitare
Pour m'achever il a fauché le ré de ma guitare
Ça me désole, il a volé le sol de ma guitare
Mais pire que ça il a piqué le la de ma guitare
Reviens, Rémi! rapportemoi
le mi de ma guitare!...

A Rita

A Rita levou meu sorriso
No sorriso dela
Meu assunto
Levou junto com ela
O que me é de direito
E arrancou-me do peito
E tem mais
Levou seu retrato, seu trapo, seu prato
Que papel!
Uma imagem de são Francisco
E um bom disco de Noel

A Rita matou nosso amor
De vingança
Nem herança deixou
Não levou um tostão
Porque não tinha não
Mas causou perdas e danos
Levou os meus planos
Meus pobres enganos
Os meus vinte anos
O meu coração
E além de tudo
Me deixou mudo
Um violão

Le Chevalier/ João e Maria

Adaptação francesa de "João e Maria", de Chico Buarque, por Bia Krieger.

J'étais le chevalier
Et mon cheval était ambassadeur
Je partais délivrer ma fiancée des griffes des chasseurs
Je combattais des bataillons
D'extraterrestres et de dragons
Et mon épée barbare se changeait en guitare alors
J'étais chanteur

J'étais le roi des rois
J'étais le juge et l'idiot de la cour
Et j'inventais des lois
Pour obliger le monde à faire l'amour
Tu étais la villageoise que j'ai fait couronner
Et tu étais si belle à regarder
Que toute nue tu dansais pour toujours

Non, ne t'en vas pas
Si tu veux bien j' étais ton aquarelle
J'étais ton animal
Ton tapis volant voleur
Non, regarde-moi,
C'était le temps où on avait des ailes
On était nés mille ans avant le temps du mal
Et de la peur

J'étais adulte — enfin
Le temps des fées devait bientôt finir
Les portes du jardin
C'étaient fermées juste avant de mourir
Tu as pris la clé des champs sans me dire au revoir
Et moi j'étais le fou vêtu de noir
D' un vieux royaume oublié dans la nuit

João e Maria

Agora eu era o herói
E o meu cavalo só falava inglês
A noiva do cowboy
Era você além das outras três
Eu enfrentava os batalhões
Os alemães e seus canhões
Guardava o meu bodoque
E ensaiava o rock para as matinês

Agora eu era o rei
Era o bedel e era também juiz
E pela minha lei
A gente era obrigado a ser feliz
E você era a princesa que eu fiz coroar
E era tão linda de se admirar
Que andava nua pelo meu país

Não, não fuja não
Finja que agora eu era o seu brinquedo
Eu era o seu pião
O seu bicho preferido
Vem, me dê a mão
A gente agora já não tinha medo
No tempo da maldade acho que a gente nem tinha nascido

Agora era fatal
Que o fazdeconta
terminasse assim
Pra lá deste quintal
Era uma noite que não tem mais fim
Pois você sumiu no mundo sem me avisar
E agora eu era um louco a perguntar
O que é que a vida vai fazer de mim?

DANS MON COEUR/ TERESINHA

Adaptação francesa de "Teresinha", de Chico Buarque e Maria Bethânia, feita por Bia Krieger.

Le premier qui m'est venu
Avait fait tous les fleuristes
Dans ses mains des oiseaux rouges,
des bijoux, des améthystes
Dans ses yeux tant de mirages
Tant de plages et de promesses
Des violons chantaient dans sa voix
Il m'appelait sa princesse
Il me prit comme on s'efface
Et mon coeur en fut touché
Mais avant qu'il ne me lasse
J'ai eu peur, je l'ai chassé

Le second qui m'est venu
Avait fait tous les tripots
Dans ses mains des cicatrices
qui m'égratignaient la peau
Dans ses yeux tant de ravages
Tant d'orages et de banquises
Des glaçons claquaient dans sa voix
Il m'appelait sa soumise
Il me prit comme un rapace
Et mon coeur en fut blessé
Mais avant qu'il ne me glace
J'ai eu peur, je l'ai chassé

Le troisième m'est venu
Sans un mot, sans s'annoncer
Dans ses mains y' avait rien
d'autre qu'un parfum de vent d'été
Dans ses yeux autant de flammes
Qu'en un siècle d'incendies
Il ne m'appelle que femme
Et c'est femme que je suis
Avant que je ne le chasse
Comme un chat, comme un voleur
Il a pris toute la place
Et s'est caché dans mon coeur

Teresinha

O primeiro me chegou como quem vem do florista
Trouxe um bicho de pelúcia,
trouxe um broche de ametista
Me contou suas viagens
e as vantagens que ele tinha
Me mostrou o seu relógio, me chamava de rainha
Me encontrou tão desarmada
que tocou meu coração
Mas não me negava nada,
e, assustada, eu disse não

O segundo me chegou como quem chega do bar
Trouxe um litro de aguardente
tão amarga de tragar
Indagou o meu passado e cheirou minha comida
Vasculhou minha gaveta, me chamava de perdida
Me encontrou tão desarmada
que arranhou meu coração
Mas não me entregava nada,
e, assustada, eu disse não

O terceiro me chegou como quem chega do nada
Ele não me trouxe nada, também nada perguntou
Mal sei como ele se chama
mas entendo o que ele quer
Se deitou na minha cama e me chama de mulher
Foi chegando sorrateiro e antes que eu dissesse não
Se instalou feito posseiro dentro do meu coração

♦

Capítulo 6

Galicismos

Segundo Aurélio Buarque de Holanda, galicismo é uma palavra, expressão ou construção afrancesada como por exemplo:

Fetiche (por feitiço)
Gauche (por desajeitado)
Ter lugar (por realizar-se)
Fazer um passeio (por dar um passeio)

Que a influência francesa no nosso vocabulário deixou muitos vestígios é uma realidade. O que precisamos observar é que há galicismos que entraram há séculos e já fazem parte integrante da lingua, há galicismos que entram por conveniência ou necessidade relativa e há os inúteis ou dispensáveis pois nossa lingua possui palavra correspondente.

Para Cândido de Figueiredo, de todas as línguas, o francês foi a que mais influenciou o português desde a sua formação e, principalmente, no século XIX.

Mesmo sabendo que muitas palavras ou expressões já foram aportuguesadas preferi quase sempre manter a grafia original. Vamos lá:

abat-jour
ampere
atelier
avalanche
avant-première
aprendizagem
arbitrage
avant-garde
bagage
balayage
ballet
bâton
beige
berceuse
bergère
bibelot
bidet
bijouterie
bilboquet
blasé
boite
bonbon
bonnet
bon-vivant
boulevard
boutique
bouquet
brevet
bric-à-brac
bricolage
buffet
bureau
cabaret
cabine
cache-col
cache-nez
cache-pot
cachet
camelot
camionette
canapé
cancan
capot
carnet
carrosserie
carrousel
casse-tête
causeur
cavaignac
chauffeur
chalet
chance
champagne
chantage
chapeau
chassis
château
chauvinisme
chef
chic

choc
cliché
coffre
cognac
coiffeur
coiffeuse
colombine
comité
colagem
complot
coquette
croquette
corbeille
corset
coupé
coupon
couvert
crachat
crayon
crépon
crochet
croissant
croquis
debutar
décollage
décoller
dégradé
déguster
déjà-vu
dérapage
déraper
détail
doré
dossier
éclosion
édredon
élite
emballage
enjambement
enquête
enveloppe
équipe
espionagem
escroc
étiquette
fantoche
fétiche
filet
flamboyant
foie-gras
fondant
fondue
foulard
frigidaire
frou-frou
gabardine
gaffe
garage
garçon
garçonnière

gare
gauche
glacé
godet
gouache
gourmet
grève
grippe
groseille
guichet
guidon
guillotine
habitué
hangar
hôtel
jargon
kermesse
laisser-aller
laisser-faire
limousine
lingerie
maçon
madame
maillot
manchette
manicure
mansarde
manteau
maquette
maquillage
marée
marionette
marquise
marron
massacrer
matinée
mayonnaise
ménage
menu
métro
mignon
mis-en-plis
monsieur
mousse
naif
nécessaire
nouveau-riche
nuance
omelette
orphéon
ouverture
paisagem
paletot
panne
passagem
pasteuriser
pâté
peignoir
pélerine

pied-de-poule
pierrot
pince-nez
piston
pivot
placard
plateau
plissage
plissé
pompon
popeline
pot-pourri
pose
pouf
praliné
premier
purée
ragoût
raquette
réclame
rendez-vous
reportage
ricochet
rouge
sabotage
savoir-faire
savoir-vivre
soirée
sondagem
soufflé
soutien
sursis
tailleur
terrine
tic
toilette
tournée
travesti
tricoline
tricot
trompette
troupe
turbine
usine
valise
vantagem
vaudeville
vedette
vernissage
verve
vis-à-vis
vitrail
vitrine
vol-au-vent
wagon

Expressões francesas empregadas em nossa língua:

Au grand complet (com todos os seus membros)

Chef-d'oeuvre (obra-prima)

Comme il faut (como convém, como deve ser)

Ça va de soi (é evidente)

Ça va sans dire (é escusado dizer)

En passant (de passagem)

En petit comité (com pouca gente)

Esprit de corps (corporativismo)

Et pour cause (e com toda razão)

Hors concours (fora de competição)

La crème de la crème (a nata da nata, o melhor)

Mise en scène (encenação)

Non sens (contra-senso)

Noblesse oblige (quem é nobre com nobreza deve proceder)

Nouveau riche ("emergente", novo rico)

Parti pris (prevenção, opinião preconcebida)

Physique du rôle (físico adequado ao papel)

Pièce de résistance (prato principal)

Prêt-a-porter (roupa pronta comprada em loja)

RSVP (=répondez, s'il vous plait) (confirme sua presença)

Soi-disant (pretenso, suposto)

Tenue de soirée (traje de cerimônia)

Tenue de ville (traje de passeio)

Tête-à-tête (a sós, a dois)

Ton sur ton (tom sobre tom)

Tour de force (proeza, façanha)

Tout court (só isto, nada mais)

Trompe-l'oeil (perspectiva enganosa)